「話すため」に必要な英文の全パターンドリル

一億人の英会話

東洋学園大学教授

大西泰斗

ONISHI Hiroto

デイビット・エバンス

David Evans

東進ブックス

はじめに

PREFACE

『一億人の英会話』にようこそ。この小品は,「日本人はなぜ英語が話せないのか」に対する，私の解答です。

「毎日音読しましょう」タイプの練習は今まで盛んに提案されてきましたが,英語を話すためのカギは,「何を」音読練習するのかにあります。「練習」は「何か」を克服するために行なうもの。その目標設定が甘ければ, 練習を重ねても効果は期待できません。

本書で練習する「何か」は，英語文のパターンです。簡単な音読を数多く繰り返すことによって，日本人が最も苦手としてきた語順・表現の配列を体に打ち込んでいきます。英語文のパターンは，最も合理的なものを，最も応用が利く形で抽出しました。『一億人の英文法』のエッセンスと言ってもいいでしょう。ある程度英語が読め，数多くの単語を覚えてきた日本人が日常会話すら満足にできないのは，英語の語順・基本配列を学んでいないから。いかに優秀な日本人でも，学んでいないことはできない。ただそれだけです。

この本の練習で十分巻き返しを図ることができます。語順が自分の体の一部になるまで毎日音読。いいですね？

大西泰斗

Studying recipes alone won't teach you how to cook. It's a good start, but the next step is practice. It's the same with grammar and speaking English. Take the patterns in this book and practice them. Say them out loud. Give them life. Do it again and again, until it feels natural. Learn the feeling of speaking English and you can master it. Do your best, and stick to it!

David Evans

(David Evans)

本書の特長

SPECIAL FEATURES

❶ 最も合理的・汎用的な「話すため」の基本例文

英語を話せるようになるためには，「何を」学習するかが極めて重要です。英会話でよく使われるフレーズ集や音読用の教材は無数にありますが，定型フレーズを丸暗記したところで，効果はあまり期待できません。生きた英語を話すためには，英語文のパターン，語順・配列を正しく理解したうえで，単語を自由に入れかえながら幅広い状況で応用できる英文を体に打ち込まなければならないからです。本書の英文は，最も合理的で，最も応用が利く形で作成された，英会話の「核」となる基本例文です。

❷ 語順・配列の全パターン（全64文型）を収録

英語には数少ない配置・語順原理しかありません。その単純な繰り返しですべての文は成り立っています。どんなに長く，複雑な文であってもそれは同じ。標準的な英文は，５つの基本文型とその派生・変形で作られ，すべてのパターンを簡単にまとめると全部で**64**の文型になります。本書では，１つの文型を１レッスンとし，全64レッスン（**LESSON 01 ～ 64**）で英語の全文型が身につく内容になっています。

❸ 全例文を覚えれば英語が話せるようになる

本書の例文は，著者が何年も試行錯誤して作成した，極限にまで洗練された基本例文です。徹底的に何度も音読し，何も見ずに「暗唱」できるようになってください。そのレベルに到達すれば，英語力の「核」が固まります。英語の全パターンの中から適切な文型を瞬時に選択し，適当な単語をあてはめて「話す・書く」が自由にできるようになるでしょう。もちろん，その力は「読む・聞く」においても存分に発揮されます。全力で本書の例文を体に打ち込んでいってください。

★音声学習用データも充実

多種多様な音声で学習できるよう，米国人４名（Josh Keller　Howard Colefield　Karen Haedrich　Jennifer Okano），日本人４名（佐々木望　檜山修之　久保田ひかり　白城なお）の合計８名もの豪華声優・ナレーター陣にご協力いただきました（敬称略）。プロの声優陣が感情を込めて読み上げる音声は，臨場感があって覚えやすく，真似して声に出せばそのまま実際の会話で使えるようになっています。
※各レッスン冒頭の「LESSON ○」は，著者の David Evans 氏が読み上げています。

本書の使い方

HOW TO USE

本書での学習は極めてシンプルです。――「語順・配列」を意識しながら何度も音読すること。それだけ。

❶ 要点を理解して音読

▶まずはレッスンごとに，要点を理解し，音読を重ねてください。語順・配列を理解しながら，全文を暗記・暗唱できるようになりましょう。

❷ 章ごとに音読

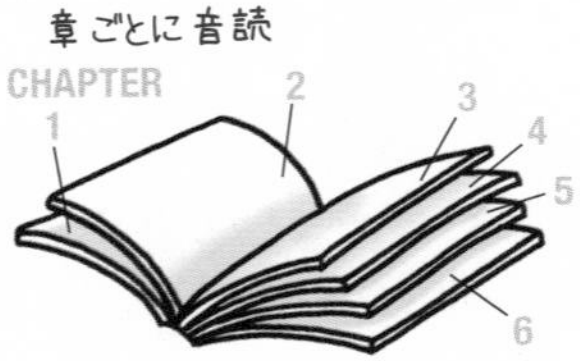

▶各章（CHAPTER 1 ～ 6）の学習を終えた段階で，それぞれの章を通じて音読を行ないます。語順・配列に習熟しましょう。

❸ ランダムに音読

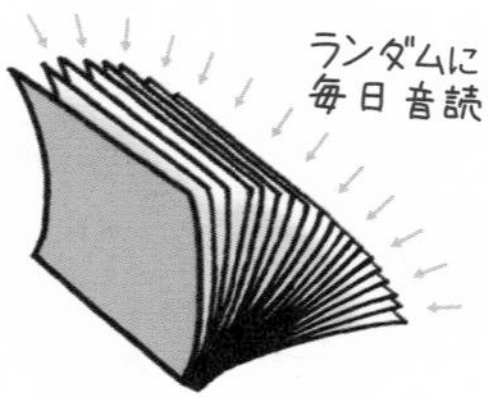

▶さらに，一冊音読が終わった段階でランダムに毎日音読を行ないます。文の持つリズム・感覚の理解が足りなければ説明を読み返してください。

【音声ファイルの概要】

ファイル名	音声内容（章・レッスン）		例文数	再生時間
EC_C0_preface	はじめに（著者大西泰斗より）		–	2分21秒
EC_C1_L01-07	CHAPTER 1	LESSON 01-07	計60文	14分2秒
EC_C2_L08-23	CHAPTER 2	LESSON 08-23	計108文	27分33秒
EC_C3_L24-26	CHAPTER 3	LESSON 24-26	計52文	13分14秒
EC_C4_L27-44	CHAPTER 4	LESSON 27-44	計136文	36分10秒
EC_C5_L45-53	CHAPTER 5	LESSON 45-53	計56文	13分58秒
EC_C6_L54-64	CHAPTER 6	LESSON 54-64	計61文	15分17秒
		合計	473文	122分35秒

※【MP3形式】または【M4A形式】で全章一括ダウンロードもできます。

【音声の内容】

本書の全例文について，以下①→②→③の順にそれぞれ音声が流れます。
① 日本語文　（例：彼女は僕にキスをした）
② 英語文 1回目《通常の音量》　（例：She kissed me.）
③ 英語文 2回目《小さい音量》　（例：She kissed me.）◀ここで「音読」しましょう！
→ 次の例文へ（以下同様に続く）

音声学習用データについて

ABOUT VOICE LEARNING DATA

本書での音声学習は主に以下３通りのやり方があります。方法や組み合わせは自由です。「例文をすべて暗唱できる」というレベルになるまで，何度も何度も音声を聴き，音読を繰り返しましょう。

❶ 音声データのダウンロード（無料）

本書の音声ファイル（左ページ下表参照）は，**東進WEB書店**（www.toshin.com/books）の本書（書籍ダウンロード）ページから下記のパスワードを入力してログインすることで，無料でダウンロード（iPhone の場合はストリーミングまたはダウンロード）ができます。

▶パスワード（すべて半角英数字）：**Hr10Dv08**

❷ QRコードでストリーミング再生

本書は全6章（**CHAPTER 1 ～ 6**）で構成されています。右図のような，各章の扉下部に印刷された QR コードをスマホやタブレットのカメラで読み取ることで，WEB ブラウザを通じて音声を再生することができます。

音声再生

※右の QR コードは「はじめに」です。各 CHAPTER の QR コードは各章の扉ページに印刷されています。

❸ 無料アプリ／有料アプリで学習（おすすめ）

iOS用アプリ「**東進ブックスStore**」内で，本書『一億人の英会話』の学習データを販売しています。無料版は英語のみを，有料版※は英語・日本語の両方を「**LESSON ごと**」に再生できる「音声学習」に対応（再生速度・回数などを自由に設定可）。有料版はさらに，日本語に合うようにゲーム感覚で英文パネルを並べかえる「確認テスト」機能も実装しています。

※定価980 ～ 1200円程度（AppStoreでの価格は予告なく変動いたしますので，予めご了承ください）

東進ブックス

書籍の「確認テスト／音声学習」用アプリ
東進ブックスStore

東進ブックスStore　検索

Download on the App Store

※ App Storeにて，アプリ「東進ブックス Store」を無料ダウンロードし，アプリ内の「Store」で本書のデータをご購入ください。
※Android（Google Play）版は現在販売しておりません。

CONTENTS

CHAPTER ／ LESSON		例文数	ページ
CHAPTER 1	基本文型	計60	9
LESSON 01	他動型〈動＋目〉	9	14
LESSON 02	自動型〈動〉	8	18
LESSON 03	説明型①〈動＋説〉	10	21
LESSON 04	説明型②〈動（be 以外）＋説〉 オーバーラッピング	10	25
LESSON 05	授与型①〈動＋目＋目〉	9	28
LESSON 06	授与型②〈動＋目＋目〉 マイナスの授与	5	31
LESSON 07	目的語説明型〈動＋目＋説〉	9	33
CHAPTER 2	基本文型の拡張	計108	37
LESSON 08	主語の拡張① -ing形を使った主語拡張	5	42
LESSON 09	主語の拡張② to不定詞を使った主語拡張	5	44
LESSON 10	主語の拡張③ 節を使った主語拡張	5	46
LESSON 11	目的語の拡張① to不定詞/-ing形を使った目的語拡張	5	48
LESSON 12	目的語の拡張②「リアリティ動詞」の目的語は-ing形	5	50
LESSON 13	目的語の拡張③「これから動詞」の目的語はto不定詞	5	52
LESSON 14	目的語の拡張④ to不定詞/-ing形で意味が変わるケース	5	54
LESSON 15	説明語句の拡張① 説明型＋-ing形（進行形）	10	56
LESSON 16	説明語句の拡張② 説明型＋過去分詞形（受動態）	10	60
LESSON 17	説明語句の拡張③ 説明型＋to不定詞	5	64
LESSON 18	説明語句の拡張④ 説明型＋to不定詞/-ing形（～すること）	5	66
LESSON 19	説明語句の拡張⑤ 説明型＋節	5	68
LESSON 20	説明語句の拡張⑥ 目的語説明型＋-ing形	5	70
LESSON 21	説明語句の拡張⑦ 目的語説明型＋過去分詞	5	72
LESSON 22	説明語句の拡張⑧ 目的語説明型＋動詞原形	17	74
LESSON 23	説明語句の拡張⑨ 目的語説明型＋to不定詞	11	80
CHAPTER 3	リポート文・命令文・there文	計52	85
LESSON 24	リポート文〈動詞句＋（that）節〉	26	88
LESSON 25	命令文〈動詞原形 ～〉	21	96
LESSON 26	there文〈There ＋ be ～〉	5	102
CHAPTER 4	修飾配列① 説明ルール	計136	105
LESSON 27	文の説明①〈文＋説明（時・場所）〉 時・場所の説明	19	110
LESSON 28	文の説明②〈文＋説明（理由）〉 理由の説明	5	115
LESSON 29	動詞句の説明①〈動詞句＋説明（やり方・程度）〉 方法・程度	10	117
LESSON 30	動詞句の説明②〈動詞句＋to不定詞〉 to不定詞で説明する	25	120
LESSON 31	動詞句の説明③〈動詞句＋-ing形〉 -ing形で説明する	5	128
LESSON 32	名詞の説明①〈名詞＋前置詞句〉 名詞を前置詞句で説明する	5	130

CHAPTER／LESSON		例文数	ページ
□ LESSON 33	名詞の説明②〈名詞＋-ing形〉名詞を-ing形で説明する	5	132
□ LESSON 34	名詞の説明③〈名詞＋過去分詞〉名詞を過去分詞で説明する	5	134
□ LESSON 35	名詞の説明④〈名詞＋to不定詞〉名詞をto不定詞で説明する	5	136
□ LESSON 36	名詞の説明⑤〈wh語＋to不定詞〉wh語をto不定詞で説明する	5	138
□ LESSON 37	名詞の説明⑥〈名詞＋名詞〉名詞を名詞で説明する	5	140
□ LESSON 38	名詞の説明⑦〈名詞＋節〉名詞を節で説明する(同格)	5	142
□ LESSON 39	名詞の説明⑧〈名詞＋説明〉-one, -body, -thingで終わる名詞	5	144
□ LESSON 40	wh修飾①〈名詞＋節〉「目的語」位置に空所	8	150
□ LESSON 41	wh修飾②〈名詞＋節〉「主語」位置に空所	7	153
□ LESSON 42	wh修飾③〈名詞＋節〉「前置詞の目的語」の位置に空所	5	156
□ LESSON 43	wh修飾④〈名詞＋wh修飾〉whoseを使ったwh修飾	5	158
□ LESSON 44	wh修飾⑤〈名詞+wh修飾〉where, when, whyを使ったwh修飾	7	160
CHAPTER 5	**修飾配列② 指定ルール**	計**56**	165
□ LESSON 45	形容詞修飾〈形容詞＋名詞〉形容詞で名詞を指定する	5	170
□ LESSON 46	程度を表す表現〈副詞＋形容詞/副詞〉	5	172
□ LESSON 47	頻度を表す表現〈副詞＋動詞句〉	5	174
□ LESSON 48	確信の度合いを表す表現〈副詞＋動詞句/文〉	5	176
□ LESSON 49	not ① 文全体を否定する	8	178
□ LESSON 50	not ② 文の一部を否定する	5	182
□ LESSON 51	not ③ 強い単語とのコンビネーション	5	184
□ LESSON 52	not ④ notの前倒し	5	186
□ LESSON 53	助動詞〈助動詞＋動詞 ～〉	13	188
CHAPTER 6	**疑問文**	計**61**	193
□ LESSON 54	基本疑問文① 助動詞がある場合の疑問文	5	198
□ LESSON 55	基本疑問文② 助動詞がない場合の疑問文	6	200
□ LESSON 56	基本疑問文③ be動詞の疑問文	6	202
□ LESSON 57	wh疑問文① wh疑問文基礎	5	204
□ LESSON 58	wh疑問文② 大きなwh語	6	206
□ LESSON 59	wh疑問文③ 主語を尋ねる	5	208
□ LESSON 60	wh疑問文④ 長距離wh疑問	5	210
□ LESSON 61	あいづち疑問	5	212
□ LESSON 62	否定疑問文	6	214
□ LESSON 63	付加疑問文	6	216
□ LESSON 64	ちょこっと疑問文	6	218
例文一覧 (全例文をアルファベット順に配列)			222
合計例文数	※「この配置の要点」の例文(**64**文)と「STEP UP!」の例文(**6**文)を含む。	全**473**	

まずは，本書の各解説を読みながら，しっかりと例文の音読を重ねてください。何度も練習してパターンを自分のものにしたら，後は表現力の勝負が残るだけ。

多くの方々が望む英語力。本書を練習し終わったみなさんは，その萌芽をご自分の中に発見していただけると思います。

さあ，始めましょう。

CHAPTER 1

基本文型

LESSON 01—07

英語は配置のことば。文中の各要素の配置パターンによって文の意味は了解されます。中でも重要なパターンは「基本文型」。基本文型には5種類あり，それぞれ文全体が何を意味しているのかに対応しています。まずはここを征服していきましょう。

音声再生

◀ QRコードをスマホのカメラで読み取ると，その章の音声が再生されます。(以下同様)

❶ 英語ということばを捉え直そう

英語は難しくありません。英語の文作りは——細かい約束事はあれ——実に単純・明快です。「難しい」という印象をお持ちなら，**英語をシンプルに「捉え直す」**ことが，英語力の向上につながります。

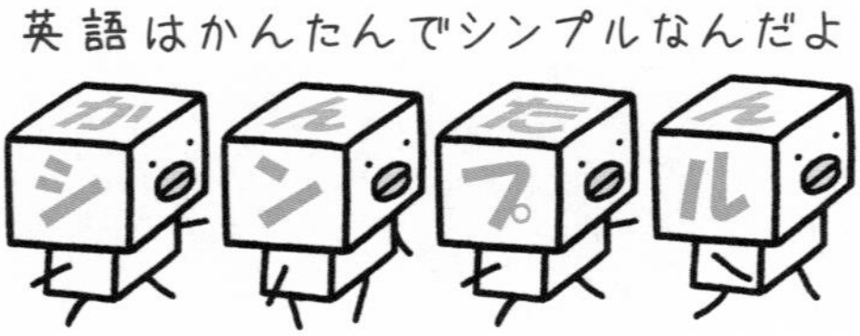

❷ 英語は配置のことば

英語は「配置のことば」です。英語は日本語と大きく異なり，表現は文中の「位置」によって意味を与えられる——**場所で意味が決まる**のです。

Ken has a cat.

（ケンはネコを飼っています）

主語の Ken に注目しましょう。日本語では「ケン」には「は」が付き，それが主語であることを示していますが，英語では Ken だけ。何も付かずに置かれているだけなのに，どうして Ken が主語であるとわかるのか——それは英語が配置のことばだからです。

英語では（助）動詞の前が「主語の場所」。だから Ken をそこに置くだけで主語だと判断されるのです。同じように，「対象物（目的語）」は動詞の後ろ。

has の後ろに a cat を置けば目的語だと判断され「ネコを飼っている」となるわけ。**「決まった場所に表現を置けば文になる」――英語ということばは実に単純にできているのです。**英語が「配置のことば」であるなら，その征服で最も大切なのは**配置パターンを覚えて慣れる**こと，それが本書の解説・練習の唯一の目標です。

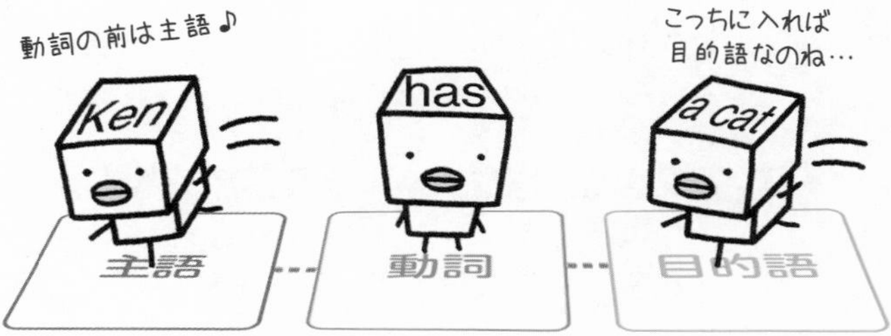

❸ 文の成り立ちと「基本文型」

「基本文型」とは，「文の設計図」とも言える，最も重要な配置パターンです。本章ではまず，基本文型を５つ学びましょう。この基本文型の配置パターンに慣れれば，おおよそ意味の伝わる文を作ることができます。

英語文は日本語文と同じように「主語（～が／～は）ー述語（どうした）」の順で文が作られます。**主語の行為・状態を説明するのが述語です。**

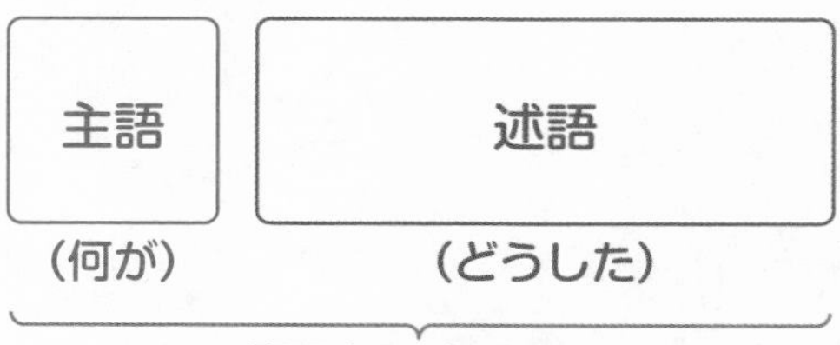

英語文の成り立ち

「基本文型」とは，述語がとる形のこと。述語は「どうした」を述べる部分であるため，その中心は「動詞（動作や状態を表す単語）」。基本文型は，動詞が作る文の型なのです。それでは，さっそく述語の中身を眺めてみることにしましょう。

④ 動詞を中心とする文の型：「基本文型」

基本文型は5種類あります。それぞれの文型には典型的に表す状況が対応しており,「他動型」「自動型」「説明型」「授与型」「目的語説明型※」という名前をつけています。

英語文は，どれほど文が長く複雑になっても，これらのパターンのどれかに属します。「配置のことば」英語で最も基本となるのは，これらのパターンへの習熟なのです。この章でしっかりと征服していきましょう。

【英語文の成り立ちと５つの基本文型】

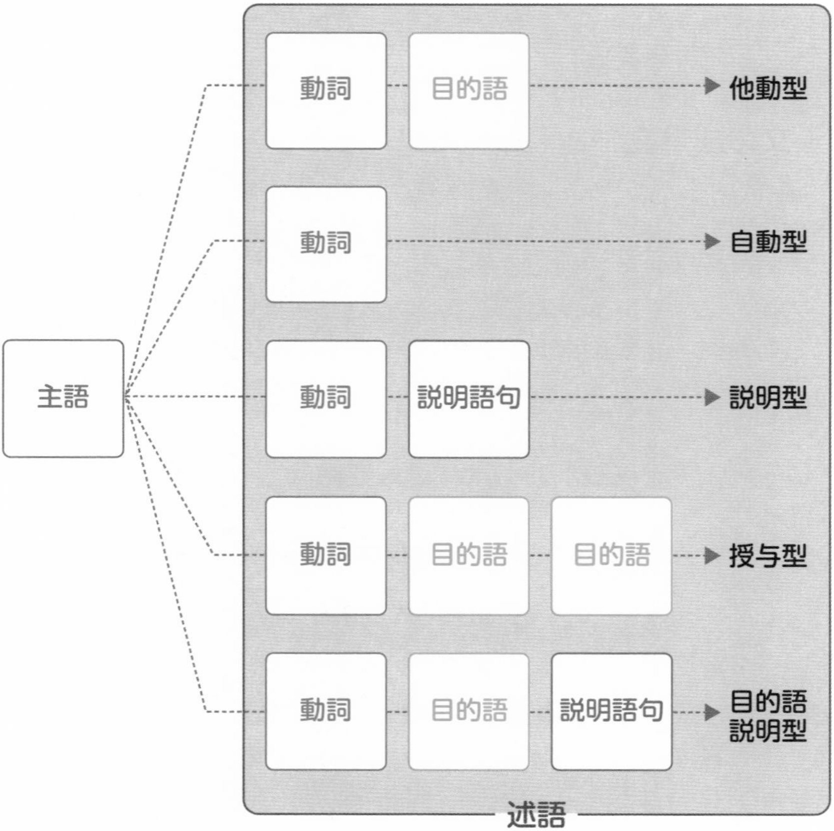

※『一億人の英文法』では、「目的語説明型」は「他動型」の発展である（基本文型は4つ）としています。

⑤ 置いていく感覚

英語は「配置のことば」。所定の位置に表現を配置して意味を作り出すことばです。日本語との大きな違いはそこにあります。主語の位置にポン。目的語の位置にポン。配置こそ，すべて。主語に「〜が／〜は」，目的語に「〜に／〜を」を貼り付け，表現を繋げて文を作り出す日本語とは大きく異なっているのです。

私たちの多くは，中高の学習で，単語・文法力を高め，英語を日本語に翻訳をする技術を培ってはきましたが，この根本的な違いを克服する練習はしてこなかった。それが私たち日本人が英語を話せなかった理由です。

基本文型練習の段階から，少しずつ「置いていく」感覚を意識して練習してください。すぐにあたりまえの感覚として身につけることができるようになります。

それでは早速，「他動型」から練習を開始しましょう。解説を読み，文のパターンが身につくまで繰り返し音読練習を加えてください。

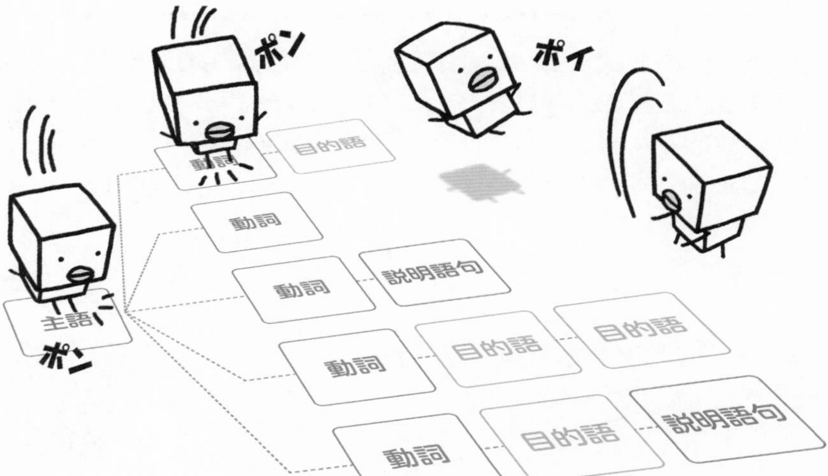

CHAPTER 1
LESSON 01

他動型〈動＋目〉

この配置の要点

働きかけが直接及ぶ

She kissed me.

動詞　目的語 ← 対象

（彼女は僕にキスをした）

kissed me
行為が対象に及ぶ

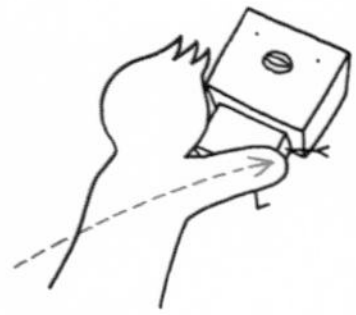
hugged me
行為が対象に及ぶ

have a car
知識・所有権などが対象に及ぶ

ⓐ「動詞＋目的語」で作られる型は「他動型」。「**動詞による働きかけが対象（目的語）に直接及ぶ**」を表します。この文は，kiss（キスする）という行為が me に直接及んでいます。**know**（知っている），**like**（好き），**have**（持っている）など，知識や感情，所有権が対象に及ぶことも表します。

ⓑ 目的語に人称代名詞が使われるときには目的格（ここでは me）が使われます。

●代名詞の目的格は「指し示す」形。

目的語の位置で代名詞（I, you, he, she, it, we, you, they）は目的格（me, you, him, her, it, us, you, them）が使われます。目的格は「指す」ニュアンスで使います。

目的語は動詞による働きかけが向かう対象物。対象物を指す感覚で代名詞の目的格が使われているのです。He dumped me. では，dump（捨てる）の行為が向かう対象物を「私！」と指しているのです。

目的格はほかに，前置詞の目的語としても使われますよ。for me なら「私のために」，from him なら「彼から」と，やはり対象物を指す意識で使われているのです。

Say it out loud!

▼動詞の後ろにその対象となる目的語を並べる意識で練習しましょう。

1

Our boss liked your presentation.

(ボスは君のプレゼンが気に入っていたよ)

☑ like(好き，気に入る)が対象物 your presentation に及び直接覆っている意識で練習。
※例文の下線部は「目的語」です。

2

My girlfriend dumped me.

(ガールフレンドが僕を捨てた)

☑ dump [dʌ́mp] は「捨てる」。不要なものを捨てるその行為が me に及んでいることを意識します。代名詞(I)が目的語に使われるため，目的格(me)となります。

3

Do you know the answer? I'm stumped.

(答え知ってる？ 僕はお手上げだよ)

☑ know(知っている)が対象物 the answer に及び直接覆っている意識。stumped は「(答えなどがわからず)困って」。

4

I love your hair! That style suits you.

(君の髪〔型〕大好きだよ！ そのスタイルは君にピッタリ)

☑ love(愛している，大好き)が your hair に及び覆っています。suit [súːt] (似合う)は髪型や服などが「人」に「ついていく(→似合う)」ニュアンスであるため他動型が使われるのです。

5

I don't have time for excuses.

（言い訳を聞いている時間は僕にはない）

☑ have は所有が対象に及んでいることを表しています。don't have time で「時間がない」。for excuses は「言いわけのための」。for は「方向」を表す前置詞。ここでは「目的」の意味で使われています。

6

I see your point.

（君の言いたいことはわかるよ）

☑ see は「見える」。他動型が標準の動詞です。視覚が対象を捉えていることを表す動詞だからです。ここでは「理解する」という意味。

7

You ate the entire pot of stew? I barely had any!

（鍋のシチュー全部食べたの？ 私ほとんど食べてないんだけど！）

☑ entire は「全部の」。複数語からなる大きなカタマリを目的語として使うことに慣れてください。

8

Our team beat the defending champions from last year. What a win!

（我々のチームは昨年からのディフェンディングチャンピオンを破った。なんて勝利だ！）

☑ beat は「打ち破る」。ここでも目的語に大きなカタマリが使われています。「動詞＋目的語」の形をしっかり意識すること。
※ beat（原形）– beat（過去形）– beaten（過去分詞形）

基礎トレ①

目的格トレーニング

▶動詞・前置詞の目的語であるとき，代名詞は目的格。目的格の「指す」意識を保ちながら，次の文の（　）内に代名詞を変化させて音読してください。

1 他動型での目的格の使用

例文 ＼ 目的語となる代名詞	I わたし	you あなた	he 彼	she 彼女	it それ	we わたしたち	you あなたたち	they 彼ら・それら
Ken likes (　).	me	you	him	her	it	us	you	them
She knows (　).	me	you	him	her	it	us	you	them
They fired (　).	me	you	him	her	it	us	you	them
The dog hates (　).	me	you	him	her	it	us	you	them

☑ fire（クビにする）　☑ hate（大嫌い）

2 前置詞の後ろ（下線部は前置詞）

例文 ＼ 目的語となる代名詞	I わたし	you あなた	he 彼	she 彼女	it それ	we わたしたち	you あなたたち	they 彼ら・それら
Ken looked <u>at</u> (　).	me	you	him	her	it	us	you	them
She'll go <u>with</u> (　).	me	you	him	her	it	us	you	them
Lucy sat <u>by</u> (　).	me	you	him	her	it	us	you	them
They are <u>after</u> (　).	me	you	him	her	it	us	you	them

☑ look at ～（～を見る）　☑ go with ～（～と一緒に行く）
☑ by ～（～のそばに）　☑ after ～（～の後）

LESSON 02 自動型〈動〉

この配置の要点

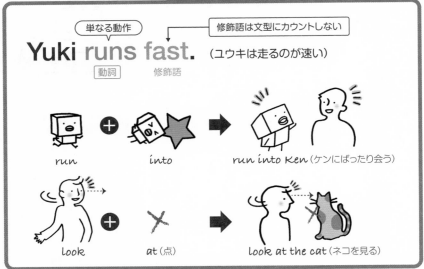

単なる動作　修飾語は文型にカウントしない

Yuki runs fast. （ユウキは走るのが速い）

動詞　修飾語

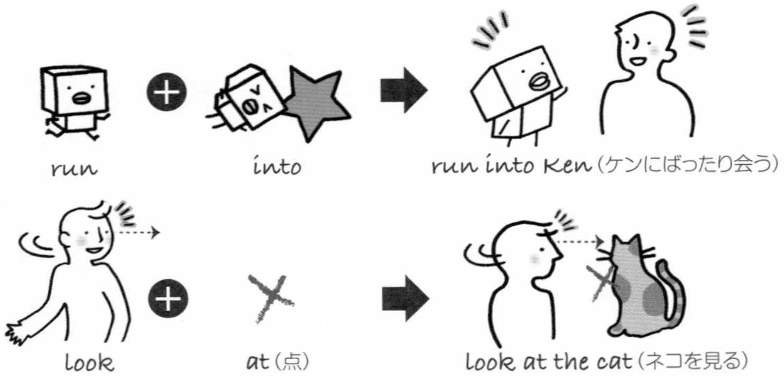

ⓐ 動詞に目的語が伴わないこの型は「自動型」。動詞の働きかけが直接及ぶ対象物はなく，「**単なる動作**」を意味します。fast（速く）は修飾語。文型にはカウントしません。fast があってもなくても自動型です。

ⓑ この型で動詞はしばしば，その動作がどこへ・どのように向けられているのかを示す前置詞（into，at，for など）や，up，down など「小さな単語」と結び付きます。

●基本文型はとても大切。

今学んでいる基本文型は，英語学習でこれ以上ない重要事項です。というのは，「文型」は文の意味に大きく関わっているから。

ⓐ Don't run.（走るな）

ⓑ My dad runs an Italian restaurant.（父はイタリアンレストランを経営しています）

ⓐの文は今回学習する自動型。「単なる動作」を表す文型だから run は「走る」となります。ⓑは目的語がある他動型ですね。他動型は「対象物に働きかける」ため，run は「走らせる」。この文は「レストランを走らせる＝経営する」となります。文全体の意味は文型が決める，だから文型はとっても大切なのです。

音読 Say it out loud!

▼目的語のない形です。動詞が「単なる動作」を表していることを意識しながら練習しましょう。

1

Everyone agreed.

(みんな同意した)

☑ agree は「同意見である」と述べる「動作」です。「人やその意見・方針に同意する」なら agree *with* ～。「計画・提案へ同意する」なら agree *to* ～ が標準。

2

Don't run! The floor is wet.

(走らないで！ 床が濡れているよ)

☑ run は「走る」。動作です。

3

I slept well.

(よく寝たよ)

☑ この文も「自動型」。well は対象物(目的語)ではなく修飾語。

4

My coworkers complain all the time.

(私の同僚はいつも文句ばかり言っている)

☑ complain [kəmpléin] は「文句を言う」という動作。all the time は「いつも，四六時中」という意味で，修飾語句ですから文型にはカウントしません。

5

Listen up. This is important.

(よく聴いてくれ。これは重要なんだ)

☑ listen は「耳を傾ける」という動作を表す動詞です。“小さな単語”up は,「完全に,しっかり」といった完全性のニュアンスを添えています。

6

Don’t look at me like that.

(そんなふうに僕を見るなよ)

☑ look (見る) ＋at (点) のコンビネーション。あるターゲットに視線が向かうことを示し「〜を見る」。

7

Where have you been? We’ve been looking for you.

(どこに行っていたの? ずっと探していたんだよ)

☑ 現在完了進行形の形。動作が現在まで続いていることを示しています。look for は「見る＋for (求めて) →探す」ということ。

NOTE

CHAPTER 1

LESSON 03 説明型①〈動＋説〉

この配置の要点

単に「＝」→ 意味が薄いため ①短縮形が標準（We're, He's, I'm など） ②省略されることもある

We are happy.

動詞 説明語句 ← 説明型でこの位置に出てくる語句は，常に主語の説明とみなされる。様々な表現が使える。

（僕たちは幸せです）

ⓐ be動詞が主に使われる，**主語の説明**が「説明型」です。be動詞は主語と説明語句をつなぐ，実質的な意味を欠いた「＝」。**強く意識しないでください。**

ⓑ 説明語句は「説明の意図を持った表現」のこと。名詞（人・モノ・出来事などを表す語句）・形容詞（名詞を修飾する語句）を始め，様々な表現を置くことができます。※ ＝説明語句

● be動詞に意味はない。

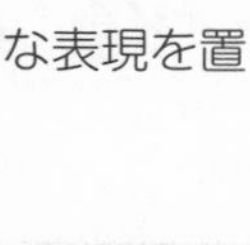

be動詞は，単に「＝」を表すつなぎのことば。意味は非常に薄いのです。そのため会話では弱く・すばやく読まれ，We're，Alexa's，I'm などと短縮されるのが標準。これらの形は「短縮形」とは呼ばれますが，会話での標準形はむしろ短縮された形（We're）。書き言葉や丁寧に述べる際に（We are などと）わざわざ引き延ばしているのです。次のように，be動詞が完全になくなることもよくありますよ。

Is everything OK? → Everything OK?
（全部うまくいっていますか？）

be動詞は強く意識しない――それが be動詞を使うコツですよ。

音読 Say it out loud!

▼ be動詞を使って主語を説明しましょう。主語に説明語句を並べる意識で。be動詞は強く意識せず補う程度の感触ですよ。

1

Hayata Shin is Ultraman.

(早田進はウルトラマンです)

☑ まずは be動詞の後ろ, 説明語句の位置に名詞 **Ultraman** を置いてみましょう。これで主語の説明のできあがり。be動詞を意識せずに説明語句を置いていく意識が大切です。

2

I am an engineer.

(私はエンジニアです)

☑ 名詞 **an engineer** [èndʒəníər] を置きます。**a/an** は「ほかにもあるうちの1つ」。「ほかにもいる (特定ではない) エンジニアの1人」となります。職業・身分紹介の基本パターン。

3

Kevin and Melissa are rivals.

(ケビンとメリッサはライバルです)

☑ 説明語句が **rivals** [ráivəlz] と複数形なのは「ライバル同士」だから。複数形は日本語にない形。複数形になる理由を意識しながら練習してください。

4

They are members of a secret society.

(彼らは秘密結社のメンバーです)

☑ **they** (彼ら) が主語なら説明語句の名詞にも複数形が求められます。「複数＝複数」のバランスを意識して。幾分長めな「説明語句」にも慣れること。

5

Alexa is shy.

（アレクサは内気です）

☑ 形容詞 **shy**（内気な）を説明語句として置きます。

6

Your handwriting is unreadable. Re-do it.

（君の手書きは読めない。やり直し）

☑ **unreadable** は「読めない」。**illegible** [ilédʒəbl] とも。**re-do** は **re-**（再び）が使われ「やり直す」。

7

They were pretty strong, actually.

（彼らはかなり強かったよ，実のところね）

☑ 形容詞フレーズ（句）**pretty strong**（かなり強い）を並べてみます。**pretty** は **very** より強さが多少下がる，くだけた口語。**actually** は相手の予想・期待に反する内容を述べるときによく使われる「実は」。

8

Your keys are on the counter.

（君のカギはカウンターの上にありますよ）

☑ 前置詞（**on** を中心とする）フレーズを説明語句の位置に置けば，「〜の上にある・いる」を表せます。

9

Luke was in the garage.

（ルークはガレージにいたよ）

☑ 前置詞フレーズ **in the garage** は「ガレージ（の中）に」。「ガレージ（の中）にいます・あります」。

基礎トレ②

be動詞トレーニング

▶ be動詞は，考えなくても瞬時に・的確に選ぶことができなければなりません。

be動詞の選択は，主語が単数ならis，複数ならareが基本です。単数であってもI（私）はam，You（あなた）ならareとなるので注意。過去形では，am·is → was，are → wereとなります。

さあ，迷うことがなくなるまで練習しましょう。

主語	主語が単数	主語が複数
I	am	are
You	are	
その他	is	

▼be動詞を入れて読んでください（I am，I was，You are，You wereのように）

主語＼時制	現在形	過去形	主語＼時制	現在形	過去形
I	am	was	You and I	are	were
You	are	were	John and Ken	are	were
He	is	was	The students	are	were
She	is	was	My friends	are	were
We	are	were	Dogs	are	were
They	are	were	The dogs	are	were
My father	is	was	Their dog	is	was
Mary	is	was	The sun	is	was
Ken	is	was	That girl	is	was
Mine	is	was	One of them	is	was

CHAPTER 1
LESSON 04

説明型②〈動(be以外)＋説〉

オーバーラッピング

この配置の要点

文の基本は「＝」

look(〜に見える)の意味が文全体にオーバーラップ

You look busy.

動詞　説明語句

(忙しそうですね)

□ 感覚系動詞
□ 変化(〜になる)
□ 無変化(〜のまま)
——によく使われる

ⓐ「説明型」をとるのは be動詞だけではありません。ほかの動詞が使われた場合，文意は基本的に be動詞と同様に「A ＝ B」ですが，そこに動詞の意味がオーバーラップ(覆う)します。上の文は「you ＝ busy(に見える)」。

ⓑ この形は「A ＝ B(に見える)」などといった感覚に関わる動詞，「A ＝ B(になる)」「A ＝ B(に留まる)」など変化や無変化を表す動詞によく使われます。

●変化を表す come と go

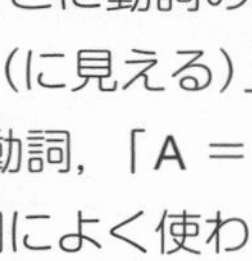

この形で使われるポピュラーな動詞に come と go があります。「来る」「行く」という動詞ですが，これらは「ある状態から別の状態に来る・行く」から「変化」を表します。

ⓐ Everything came right.
(最後には全部うまくいった)

ⓑ Everything went wrong.
(何もかもうまくいかなかった)

「everything ＝ right/wrong(になった)」ということですが，come は良い変化・go は悪い変化を表すのがふつうなのです。

音読 Say it out loud!

▼基本は「＝」を表す説明型。そこに動詞の意味をオーバーラップさせていきます。

1

Your idea sounds great.

（君のアイデアはとてもいいね）

☑ sound は「聞こえる」。「your idea ＝ great（に聞こえる）」ということ。

2

This spaghetti tastes terrible.

（このスパゲティはひどい味だ）

☑ taste は「味がする」。「this spaghetti ＝ terrible（の味がする）」ということ。全体を動詞の意味が覆う感触をしっかり理解。terrible は「ひどい」。

3

Ooh, these sheets feel so smooth.

（おお，このシーツはすごくなめらかだ）

☑「these sheets ＝ so smooth（に感じる）」ということ。

4

Her perfume smells like roses.

（彼女の香水はバラのような香りがする）

☑ like は「～のように」。前置詞として使われています。「her perfume ＝ like roses（のにおいがする）」。

5

Just stay calm, OK?

(ちょっと落ち着いて)

☑ stay のイメージは「留まる(同じ状態でいる)」。そこから「滞在する」という意味でも使われる動詞。「= calm (のままでいろ)」ということになります。

6

Your dinner is getting cold.

(夕食が冷めてきてるよ)

☑ get はここでは「〜になる」。変化の意味で使われています。進行形が使われ「your dinner = cold (になってきている)」。

7

Everything turned out OK.

(すべてがうまくいったよ)

☑ turn out は「結局〜だということがわかる・判明する」。turn は「回る」。裏返しになった紙がクルッと回って「判明する」といった感触のフレーズ。「everything = OK (ということになった)」ということ。

8

The river doesn't seem deep, but it is.

(その川は, そうは見えないけど, 実際は深いんだよ)

☑ seem は「思える, 見える」。文末の is の後ろには deep が省略。

9

Oh no, the avocados went bad.

(ああ, このアボカド悪くなっちゃった)

☑ go は「〜になる」。変化を表す動詞です。「the avocados = bad (になった)」ということ。

CHAPTER 1
LESSON 05

授与型① 〈動+目+目〉

この配置の要点

「目的語 a（～に）」・「目的語 b（～を）」
の順に配置します。順序が重要。

John gave me a rose.

動詞　目的語a　目的語b

（ジョンは私にバラをくれた）

ⓐ 動詞の後ろに名詞（目的語）が２つ置かれたこの形は「授与型」。「あげる・くれる」を表す型です。目的語の順に注意しましょう。「a **に** b **を**与える」という意味になり，逆に置くことはできません。配列順序に厳しいのは，英語が「配置のことば」だからです。

●基本文型はとてもたいせつ。

「文全体の意味は文型が決める」と少し前に説明しましたね。授与型でも同じです。

この型で使われる動詞は，上の give 以外にもたくさんあります。read（読む），write（書く），tell（告げる）など，みなさんがよくご存知の動詞の多くもこの型で使えます。そして――これが重要なのですが――この型で使われると，どの動詞も授与の意味となります。read は「a に b を読んであげる・くれる」，write は「a に b を書いてあげる・くれる」といった具合にです。

文の意味は文型が決める。文型は文の意味を支配しているのです。さあ，文型学習を続けましょう。英語の基礎中の基礎ですよ。

音読 Say it out loud!

▼動詞の後ろに目的語を２つ順序良く置いていきます。

1

Please show me your ID.

（身分証明書を私に見せてください）

☑ **show** は「見せる」。授与型で使われると「見せてあげる・くれる」となります。目的語として代名詞を使うときには「目的格」でしたね。

2

Jim wrote me a letter of recommendation.

（ジムは私に推薦状を書いてくれた）

☑ **write**（書く）もこの型では「書いてあげる・くれる」と授与の意味。**of** は意味の薄い前置詞。「**of**＋名詞」で前の表現を「説明する」と考えます。**a letter**（手紙）と言ってから **of recommendation** [rèkəmendéiʃən]（推薦）で説明します。

3

She will find you a good book.

（彼女なら君に良い本を見つけてくれるさ）

☑ **find**（見つける）を授与型で使えば，「見つけてあげる・くれる」。**will** は「～するだろう」と訳されますが，確信に満ちています。

4

Your pen broke? I'll get you a new one.

（君のペン壊れた？ 新しいの買ってきてあげるよ）

☑ **get** は「得る，手に入れる」ですが，常に「動き」が感じられます。ここでは「（買ってきて）君にあげる」。**will** は「～するよ」と意志を表す使い方。**one** は前に出てきた名詞（**pen**）の繰り返しを避ける単語。

5

My mother taught me manners.

（母は私にマナーを教えてくれた）

☑ teach（教える）もこの型で使われれば「教えてあげる・くれる」となります。**manners** は「礼儀作法」の意味では常に複数形。場面に応じた様々なマナーがありますからね。

6

Give me two weeks. I'll fix your problem.

（二週間ください。君の問題を解決してあげるよ）

☑ give（与える）は授与型の典型動詞。**will** は「意志（〜しますよ）」の使い方。

7

She bought her husband tickets to see Jon Bovi.

（彼女は夫にジョン・ボビを観に行くチケットを買ってあげた）

☑ buy（買う）を授与型で使って「〜に…を買ってあげる」。

8

Don't send your girlfriend flowers. It's cliché.

（彼女に花を送ってはいけないよ。月並みすぎる）

☑ send は「送る」。**cliché** [kli:ʃéi] は「言い古された決まり文句」。そこから「月並みすぎる」というニュアンスで使われています。

CHAPTER 1

LESSON 06 授与型②〈動+目+目〉

マイナスの授与

この配置の要点

マイナスの授与

「かかる」「課す」など
マイナスの意味をもった動詞

This ring cost me a fortune.

動詞（cost） 目的語a（me） 目的語b（a fortune）

（この指輪には大金がかかりました）

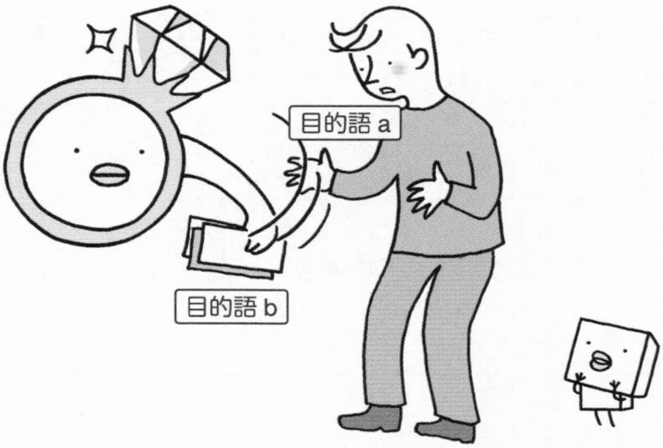

ⓐ この文も目的語を２つ伴った「授与型」。ただ，動詞は cost（〔お金が〕かかる）。こうしたマイナスの意味を持った動詞が使われると「a から b を奪う」関係――すなわち「マイナスの授与」となります。

●決まった場所に置いていく。

基本文型もそろそろ終わりですが，音読・暗唱は快調に進んでいますか？　英語は思ったより単純なことば――そんな印象を持っていただけたらとても嬉しく思います。「文型」という決まった場所に表現をポンポン置いていけば文のできあがり。英語は実際とても単純なのです。ここまでの例文を見て「英語はもっと難しいはずだ」と思った方もいるかもしれません。いえいえ。どんなに「難しい」文であっても，それは表現が難しくなるだけのことで，基本は変わりません。安心して学習をお続けください。

Say it out loud!

▼「奪う」関係を意識しながら練習します。

1

It took me two hours to get to work this morning.

（今朝は仕事に行くのに２時間かかった）

☑ take は「(手に) 取る」。授与型で使えば「私から２時間を奪う」意味関係となります。

2

The shop charged me $2 to use the restroom! Unbelievable!

（その店はトイレを使うのに２ドルかかったんだぜ！信じられないよ！）

☑ charge は「課す」。トラックに荷物を積む様子をイメージしてください。そうやって料金や義務を課すのです。charge me $2 で「私に２ドルの支払い義務を課す（＝２ドルを請求する）」。やはりマイナスの授与。

3

The mistake cost me my job.

（そのミスで仕事を失った）

☑ cost を使った比喩的な表現。「私から仕事を奪う」関係です。
※ cost（原形）– cost（過去形）– cost（過去分詞形）

4

It took me a lifetime to forgive her.

（彼女を許すのにとても長い時間がかかった）

☑ lifetime は「一生」。そこから「長い間かかる」。

CHAPTER 1
LESSON 07
目的語説明型〈動+目+説〉

この配置の要点

説明関係（=）

Just call me Ken.

動詞　目的語　説明語句

（ケンと呼んでください）

説明語句 ← 名詞・形容詞・前置詞フレーズ

ⓐ 目的語の後ろにその説明が置かれた型です。目的語と説明語句の間に説明関係（＝（イコール）あるいは主語━述語の関係）があります。この文はまず call me（私を呼ぶ），何と呼ぶのかがその後ろの「me ＝ Ken」で示され，「私をケンと呼ぶ」となります。

ⓑ 説明語句には説明型の説明語句と同じように，様々な表現を置くことができます（→説明語句の拡張⑥〜⑨）が，まずは最も基本的な名詞・形容詞・前置詞フレーズから。

●目的語説明型は至る所で使われている。

目的語説明型は非常に頻繁に使われる形です。多くの方が「熟語」として覚えている次の文も目的語説明型です。

Take it easy.（気楽にやりなよ）

「it ＝ easy なものとして take（受け取る）」ということ。この型は本当によく使われているのですよ。

音読 Say it out loud!

▼目的語説明型を上手に使うことのできる学習者は，あまり多くありません。特に念入りにそのリズムを練習してください。

1

Did you hear?
She named her daughter Cinnamon.

(聞いた？ 彼女は娘にシナモンってつけたんだ)

☑ name her daughter で「娘を名づける」。何と名づけたのかが Cinnamon [sínəmən]。her daughter ＝ Cinnamon の説明関係を意識しましょう。

2

I want the title big. It needs to stand out.

(タイトルは大きくしたい。目立たせたいんだ)

☑ 目的語説明型は大変頻繁に使われます。しっかりとリズムに慣れること。「the title ＝ big にしたい」ということ。stand out (目立つ) は高身長の子が周りから頭 1 つ出ている感じ。

3

I'd like my steak rare. Can you do that?

(ステーキはレアがいいのですが。できますか？)

☑ I'd like は I would like。would like は状況によって非常に生々しく響く want (欲しい) を避けるための婉曲表現。「my steak ＝ rare にしたい」ということになります。

4

I would like the sides short.
It's the latest hair style.

(ワキを短くしてもらいたいのですが。最新の髪型なんです)

☑「the sides ＝ short にしてもらいたい」ということです。

5

I need you at the station by five. Don't be late.

(5時までに駅に来てもらう必要があります。遅れないように)

☑ need (必要とする) は，個人的な要望を表す want に対して客観的な必要性が感じられる表現。前置詞フレーズが使われ「you ＝ at the station (あなたが駅にいる)」。説明関係をしっかり意識してください。

6

Please have your proposal on my desk by Friday.

(金曜日までに君の提案を僕の机の上に置いてください)

☑「your proposal [prəpóuzəl] ＝ on my desk という状況を have する」ということ。by Friday の by は「期限の by」。

7

My husband called me lazy. Unbelievable.

(私の夫は私のことを怠けていると言った。信じられない)

☑ unbelievable は「信じられない」。日常よく使われる単語です。

8

Lucy painted her house bright pink.

(ルーシーは家を鮮やかなピンク色に塗った)

☑ paint は「塗る」。

おつかれさまでした。これで「基本文型」の練習は終わりです。みなさんは英語で最も基本的な文作りのリズムを手に入れました。

次の章では基本文型から複雑な文を作り上げるトレーニングを行ないます。

CHAPTER 2

基本文型の拡張

LESSON 08—23

この章では基本文型を様々な「部品」を使って拡張します。単純な表現だけでなく複雑で長い部品を――気楽に――基本文型内に配置する技術を身につけます。

音声再生

❶ 各部を拡張して豊かな文を作る

基本文型は，主語・動詞・目的語・説明語句によって成り立つ，単純なパターンでした。この章では，各部を様々な「部品」によって拡張し，より複雑な内容を持つ文を作る技術を学びます。例えば，「英語は」といった単純な主語だけでなく，「英語を話すことは」「その会議で彼が真実を述べたことが」といった複雑な主語を作ることができれば，表現力は飛躍的に上がります。

❷ 拡張のための「部品」

拡張のための部品は，動詞の -ing形，**to不定詞**，動詞の**過去分詞形**，**節**（3種類）の４つ。まとまった意味を持つ大きな「パッケージ」を作ります。基本文型の様々な箇所に配置し，豊かな文を作っていきましょう。それぞれの部品の特徴を簡単に説明しておきます。

1 -ing形

動詞に -ing を加えたこの形は，「〜している（ところ）」。進行中の動作を表すこの形は，生き生きとした躍動感や何かが「実際に起こっている（リアルな）」感触を運びます。

例 [**speaking** English] —— 動詞-ing形パッケージ
動詞 -ing 形

2 to不定詞

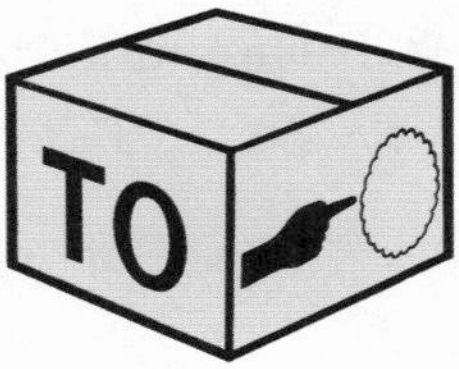

「to＋動詞原形」で作るこの形は，to のイメージと動詞原形が連なるところがポイントです。to のイメージは「矢印（➡）」。前置詞の to と同じです。このイメージが「これから」を強く暗示するのです。

また動詞原形（動詞を変化させない形）は時の指定が加わらない形。「キスしている・キスした」など具体的な状況ではなく，漠然と「キスする」。この漠然とした感触が，「〜すること」といった一般論を述べるニュアンスとつながることもあります。

例 [**to speak** English] —— to不定詞パッケージ
to ＋動詞原形

3 過去分詞形

動詞の過去分詞形は2通りの意味を持ちます。「受動（〜される・されている）」と「完了（〜した・してしまった）」。この２つの意味は動詞の意味や前後の文脈ですぐに区別できます。

例 [**spoken** all over the world] —— 過去分詞パッケージ
過去分詞

4 節（小さな文）

主語・動詞を備え，文の部品として使われる「小さな文」を「節」と呼びます。節には3種類があります。

❶ (that) 節のパッケージ

単に文内容を表します。that が加えられることもあります。

㊞ **(that)** Ken speaks English （ケンは英語を話す）

❷ if/whether節のパッケージ

「〜かどうか」を表す節。文頭に if/whether が置かれます。

㊞ **if/whether** Ken speaks English （ケンが英語を話すかどうか）

❸ wh節のパッケージ

what や who などで始まる節。文頭に「wh語※」が置かれます。

㊞ **where** Ken lives （ケンがどこに住んでいる）

※ wh語… what，who，which，when，where，how，whose，why のこと。

wh節は，類似の形「wh疑問文」としっかり区別しなくてはなりません。wh疑問文は，疑問形（疑問文で用いられる倒置の形）を伴って**独立した文**を作ります。

㊞ Where does Ken live? （ケンはどこに住んでいるのですか？）
疑問形

一方，wh節は，疑問形を伴わない，つまり疑問の意図を持たない形。where Ken lives は，「ケンがどこに住んでいる（のか）」という**文の部品**なのです。

❸「配置のことば」英語のシンプルさ

英語では，表現の働きは文内の位置によって決まります。これらの「部品」も，主語に置けば主語として，目的語・説明語句の位置に置けば目的語・説明語句としての役割を担います。それが「配置のことば」が持つシンプルさなのです。すでに身につけた基本文型の各位置に，これらの表現を気楽に配置する練習をしていきましょう。みなさんの表現力が，また大きく伸びていくはずです。

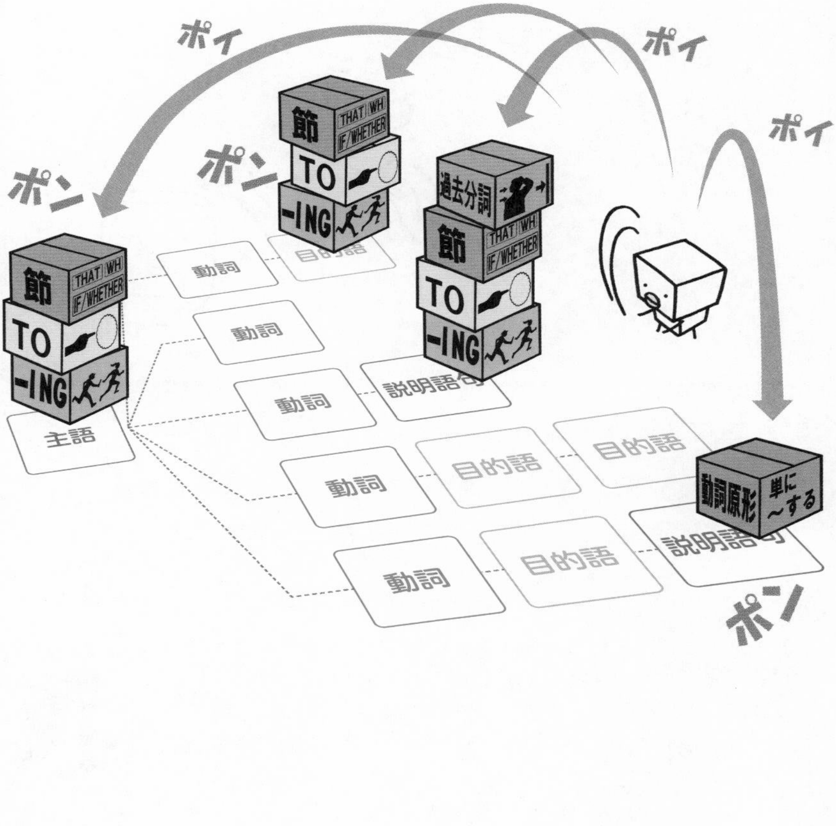

CHAPTER 2
LESSON 08 主語の拡張①
-ing形を使った主語拡張

この配置の要点

決まった位置に
パッケージを置く感覚で

（以下同様）

ここまでが主語

主語 / 動詞

Speaking English is a lot of fun.

（英語を話すのはとても楽しい）

まず，基本文型中の「主語」を様々な部品で拡張していきます。

ⓐ 動詞-ing形のパッケージを主語の位置（〔助〕動詞の前）に置きましょう。具体的な状況が起こっているような生き生きとした印象を与えます。

●思い切って置いてみる。

Ken（ケン）や the dog（その犬）といった単純なフレーズの代わりに，動詞-ing形のパッケージを主語に置いてみる――簡単なようでいて，英語に慣れていなければ大きなハードルです。思い切って第一歩を踏み出しましょう。それだけでみなさんの表現力は別次元のものになります。今までよりはるかに複雑な内容を文に盛り込めるようになりますよ。

がんばって。

音読 Say it out loud!

▼ -ing形のパッケージを主語位置に「ポン」と配置する感覚で文を作りましょう。

1

Practicing is the only way to get better.

(練習は上達のための唯一の方法だ)

☑ practice（練習する）を動詞-ing形にして主語の位置へ。それだけで「練習するのは」と主語になります。

2

Being a parent is hard work.

(親であることは重労働だ)

☑ 実際に親である人が「親であるっていうのはさ」と述べている感触。

3

Becoming an astronaut is my life's dream.

(宇宙飛行士になるのは僕の生涯の夢だ)

☑ become は「〜になる」。長いフレーズ全体を主語の位置に置くことに慣れてください。

4

Making you happy is my greatest desire.

(君を幸せにすることが僕の一番の望みだ)

☑ make you happy は目的語説明型。「you ＝ happy という状況を make する」。

CHAPTER 2
LESSON 09

主語の拡張②

to不定詞を使った主語拡張

この配置の要点

ここまでが主語

主語

To speak in public takes **courage.**

〈to+動詞原形〉　動詞

(人前で話すのは勇気がいる)

ⓐ to不定詞(to＋動詞原形)を主語位置に。日本語訳は動詞-ing形と変わりませんが,(特に主語位置に来ると)漠然と一般論を述べている感触があります。

● 日本語訳は「はじめの一歩」

動詞-ing形と to不定詞,主語の位置に来ればどちらも日本語訳は「～すること」になりますが,ネイティブはこの2つを使い分けています。もちろん言いたいことは十分伝わるためそれほど神経質になる必要はありませんよ。でも,自然な英語を身につけたいなら,日本語訳は「はじめの一歩」にすぎないことを心に留めておいてくださいね。

音読 Say it out loud!

▼ **to不定詞のパッケージ**を主語位置に「ポン」と配置する感覚で文を作っていきましょう。

1

To fish here requires a permit.

(ここで魚釣りをするには許可証が必要です)

☑ **fish** は「魚釣りをする」。誰かが実際に行なっているわけではなく「そうしたことは」という一般論のニュアンス。**require** は「要求する」と訳されることもありますが「必要だ」ということ。

2

To get over someone takes time.

(〔誰かにふられて〕立ち直るのには時間がかかる)

☑ **take time** は「時間を（手に）取る＝時間がかかる」。これも一般論です。

3

To talk in the library is strictly prohibited.

(図書館で話すのは厳禁です)

☑ **talk** は「おしゃべりをする」。図書館のポスターにでもなっていそうな一般的な表現。**talking in the library** とすると，おしゃべりをしている人に注意しているニュアンスとなります。

4

To hide the truth is to tell a lie.

(真実を隠すことは嘘をつく〔のと同じ〕ことだ)

☑ **hide** は「隠す」。こちらも一般論。to不定詞が２つ並んだ良いバランスの文です。

主語の拡張③

節を使った主語拡張

この配置の要点

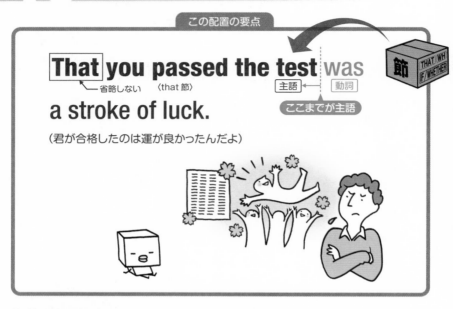

That you passed the test was a stroke of luck.

That ← 省略しない　〈that 節〉　主語 ← 動詞　ここまでが主語

(君が合格したのは運が良かったんだよ)

ⓐ 節を主語位置に。大きな要素をまとめて扱う能力が一歩上の会話では必須です。(that)節を主語位置に置く場合，必ず that を用います。that を付けることによって，部品として使われたパッケージであることをしっかりと示すことができるからです。

☑ a stroke of luck (思いがけない幸運)

● パッケージであることを忘れない。

様々なパッケージの中でも，「節」を主語の位置に入れるのはとても難しく勇気が必要です。「節」は「文」──ある程度の長さにならざるをえないからです。最初のうちは，長い主語を口から出している間にどんな文を作ろうとしていたのかを忘れてしまうことだってあるでしょう。

コツは，節をまとまったパッケージとして強く意識すること，まとまったコロコロした部品として捉えることにあります。また，ある程度速く発音することも大切です。節に時間をかけすぎると「パッケージ」であることを忘れてしまいがちになるからです。勇気を持って練習してください。ここを乗り越えれば，みなさんの英語力は一皮むけますよ。

音読 Say it out loud!

▼3タイプの節を主語位置に置きましょう。

1

That you continue to improve gives me hope.

（君が進歩を続けているのには希望が持てる）

☑ **continue** は「続ける」，**improve** は「進歩・上達する」。節を主語の位置にポンと置く意識。**that** は必須。

2

Whether we agree or not isn't important.

We have to work together.

（僕たちが同じ意見かどうかは重要じゃない。協力しなくちゃならないんだ）

☑ **whether ... or not** は「…かどうか」をしっかり表す言い方。「…かどうか」の意味で文頭（主語）に **if** を使うことはできません。**If ...** で文が始まると「もし…」の意味だと思われてしまうため。

3

Where you were born doesn't matter to me.

（君がどこで生まれたかは僕には重要じゃない）

☑ **where you were born** は「君がどこで生まれたか＝生まれた場所」。**matter** は「重要だ」。

4

What you say makes a difference.

Choose your words wisely.

（何を言うかで状況は変わります。ことばを賢く選びなさい）

☑ **what you say** は「君が何を言うか＝君が言うこと」。**what** で始まる節は文的にも「〜すること・もの」など名詞的にも使えます。

目的語の拡張①

to不定詞/-ing形を使った目的語拡張

この配置の要点

「動詞+目的語」の他動型

My cat loves to play with plastic bags.

動詞 〈to 不定詞〉 目的語

(私のネコはビニール袋で遊ぶのが大好きです)

ここからは「目的語」の拡張。他動型(☞P.14)の目的語をto不定詞や動詞-ing形で拡張します。

ⓐ 目的語の位置にto不定詞・-ing形を配置します。「～する(のが)」と動詞句(動詞を中心とするフレーズ)の内容を目的語にする便利な形です。

●「英語の自由」を楽しみましょう。

英語学習で最も大切なのは文型の知識。この文の設計図さえ手に入れておけば，パッケージをいろいろな場所に置くだけで複雑な文を簡単に作り出すことができます。それが英語の気軽さ，自由。主語に置いたって，目的語に置いたっていいのです。さあ，自由を楽しみながら練習しましょう。

音読 Say it out loud!

▼ to不定詞・-ing形を目的語位置に置きましょう。to不定詞には一般論的印象が，-ing形には具体的にありありと想像している印象があります。

1

My computer likes to freeze up. Let's use yours.

（僕のパソコンはフリーズするのが好きなんだ。君のを使おう）

☑ like の後ろに to不定詞を気軽に配置しましょう。freeze up は「動かなくなる」。

2

I like taking walks on the beach at sunset.

（日没のビーチを散歩するのが好きです）

☑ take a walk/walks は「散歩をする」。take ～ sunset までの大きなカタマリを動詞-ing形にして like の後ろに配置します。

3

Leave him alone. He hates to be woken up.

（彼は放っておきなよ。起こされるのが大嫌いなんだ）

☑ leave ～ alone は目的語説明型。「him = alone の状態のままにしておく＝放っておく」。hate は「大嫌い」。to不定詞には受動態が使われ「起こされることが」。

4

I can't stand being stuck in traffic.

（渋滞にはまるのは耐えられない）

☑ stand は「耐える，我慢する」。stuck は「動けなくなって」。

CHAPTER 2
LESSON 12

目的語の拡張②

「リアリティ動詞」の目的語は -ing形

この配置の要点

リアリティ動詞

We enjoy working with you.

目的語

-ing 形のみ

(君と働くのは楽しいよ)

ⓐ 多くの場合，目的語位置には動詞-ing形と to不定詞のどちらも使うことができますが，**具体的な状況を想起させる動詞（リアリティ動詞）には動詞-ing形**しか使うことができません。日本語訳は同じでも，動詞-ing形と to不定詞は意味が違うのです。

▼「リアリティ動詞」の例

動詞	意味	解説
□ enjoy	楽しむ	▶具体的な状況を「楽しむ」ため。
□ finish	終える	▶具体的な状況でなければ，終わらせたりやめたりできないため。
□ stop	やめる	
□ quit	やめる	
□ give up	あきらめる	
□ consider	よく考える	▶具体的な状況を思い描く動詞。
□ imagine	想像する	

音読 Say it out loud!

▼動詞の意味と -ing形の絶妙なコンビネーションを感じながら，目的語位置に -ing形を使いましょう。

1

Stop making excuses. I know the truth.

（言い訳を言うのはやめろ。僕は本当のことを知っている）

☑ stop は「やめる」。具体的でリアルな状況でなければやめることはできません。動詞-ing形がベストコンビネーション。

2

Please consider using an eco-bag for your groceries.

（食料品を買うときにエコバックを使うことをお考えください）

☑ consider [kənsídər]＋動詞-ing形。groceries [gróusəriz] は「雑貨，食料品」。

3

I finished doing my homework two hours ago.

（2時間前に宿題をやり終えました）

☑ finish＋動詞-ing形。finish は「終える」ですから，動詞-ing形が自然なコンビネーションとなります。

4

Stop interrupting and let me finish talking.

（話に割り込んでくるのはやめて僕の話を終えさせてくれ）

☑ interrupt [ìntərʌ́pt] は「中断させる，妨げる」。let は目的語説明型。「〜が…するのを許す・させる」ということ（☞P.77）。

CHAPTER 2

LESSON 13 目的語の拡張③

「これから動詞」の目的語は to不定詞

この配置の要点

これから動詞

I want to have kids someday.

to 不定詞のみ　　目的語

（いつかは子供が欲しい）

ⓐ **「これから」が強く意識される動詞（これから動詞）には to不定詞**しか使えません。to には「➡」がイメージされ「これから」が感じられるため，こうした動詞と最適なコンビネーションを作るのです。

▼「これから動詞」の例

動詞	意味	動詞	意味
□ agree	同意する	□ promise	約束する
□ expect	予期する	□ hope	望む
□ plan	計画する	□ decide	決定する
□ wish	願う	□ want	欲する

どの動詞も，強く「これから〜すること」を感じさせます。

音読 Say it out loud!

▼動詞の持つ「これから」を意識しながら，目的語位置に to不定詞を使いましょう。

1

I never agreed to stay home with the kids all day.

（子供と一日中家にいることに同意した覚えはないよ）

☑ agree は「同意する」。同意は「これから」何かをすることに対して行ないます。to不定詞といいコンビネーションとなります。

2

I heard Monoya is planning to release a new supplement.

（モノヤが新しいサプリの発売を計画していると聞きました）

☑ plan は「計画する」。計画はもちろん「これから」についてなされるもの。to不定詞を選択しましょう。release は「発売・発表する」。

3

I promise to never lie to you again.

（もう二度と君に嘘をつかないと約束するよ）

☑ promise（約束する）も to不定詞がピッタリ。常に「これから」が意識されるからです。

4

What made you decide to come to Japan?

（どうして日本に来ることに決めたの？）

☑ decide は「決める」。「これから」の to不定詞がピッタリですね。what（何）が主語の位置に使われ「主語を尋ねる wh疑問文（☞P.208）」となっています。made 以降は目的語説明型（使役 ☞P.76）です。

CHAPTER 2
LESSON 14

目的語の拡張④

to不定詞/-ing形で意味が変わるケース

この配置の要点

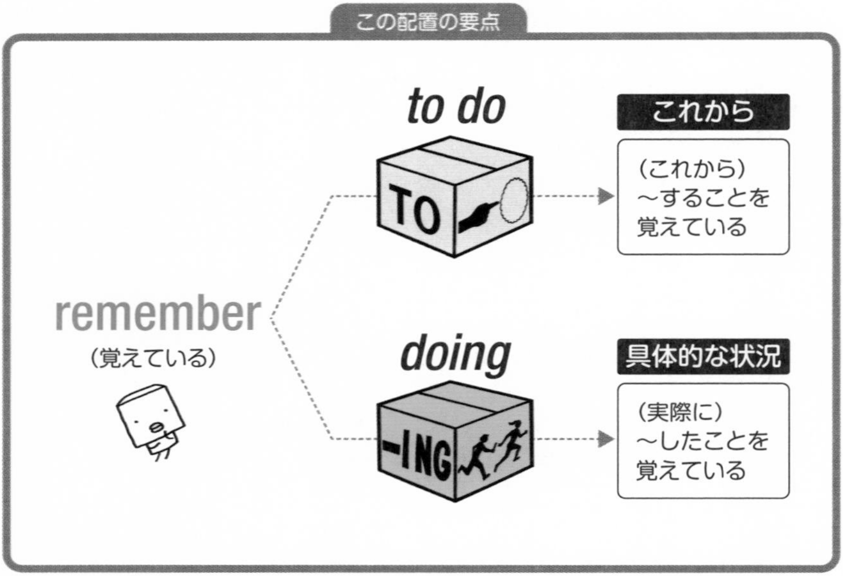

ⓐ 目的語の選択が意味に大きな影響を及ぼす動詞があります。remember は to不定詞と結び付けば「(これから) 〜することを覚えている」。一方，-ing形では「(実際に) 〜したことを覚えている」となります。

●無意味な文法規則はほとんどありません。

ここで取り上げた内容はどの文法書にも載っている使い分けですが，無意味な「規則」ではありません。to不定詞は「これから」，動詞-ing形は「リアルな状況」を思い起こさせることから意味が変わるのです。

本当の意味で「無意味な規則」はほとんどありません。英語を深く理解すれば「なるほど」と思えるものばかりなのです。

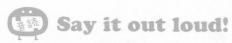

音読 Say it out loud!

▼目的語の to不定詞と動詞-ing形を使い分けましょう。

1

Remember to bring your wallet.

(財布を持ってくるのを忘れないで)

☑ remember＋to不定詞は「これから」を表し「(これから)持ってくるのを覚えている」。

2

Do you remember going to Ginza last year?

(去年銀座に行ったのを覚えていますか？)

☑ remember＋動詞-ing形は「(過去に～したことを)覚えている」。

3

I tried to talk to her, but she just walked away.

(彼女に話しかけようとしたけど，彼女は歩いていっちゃった)

☑ tried to ～ は「～しようとした」。何かをしようとがんばったということ。まだやってはいませんよ。

4

Have you tried turning the power on and off? That might fix it.

(電源をオンやオフにしてみた？ ひょっとして直るかも)

☑ try＋-ing は「(実際に)やってみる」。turn ～ on [off] は「～をつける [消す]」。turn が使われるのは，昔はスイッチを回して (turn) いたことの名残り。

CHAPTER 2
LESSON 15

説明語句の拡張①

説明型 + -ing形（進行形）

この配置の要点

（ねぇ，スティーブ。電話が鳴っているよ）

ここからは be動詞のとる形，〈説明型〉の説明語句を拡張していきます。

ⓐ be動詞文の「説明語句」に動詞-ing形。主語を躍動感あふれる -ing形で説明する「進行形」と呼ばれる形です。進行形は，We are happy. と何ら変わるところがない説明型の文なのです。

●「見方」を変える大切さ。

ふつう「be +動詞-ing形」と説明される，進行形を「動詞-ing形を be動詞文の説明語句の位置に置いた形」としました。それは，be動詞がなくても「〜している」という進行形の意味になるからです。

例えば，動詞-ing形を名詞の後ろに並べた，**The woman** wearing a kimono is my grandmother.（着物を着ている女性は私の祖母です）でも，「女性――着物を着ている」と進行の意味となります。「〜している」は「be +動詞-ing形」ではなく，動詞-ing形自体が持つ意味。それがわかると文の様々な箇所で「〜している」を上手に使いこなすことができるようになります。いつもの「見方」を変えれば，英語が本当にシンプルなシステムであることがわかってくるのです。

音読 Say it out loud!

▼主語を動詞-ing形で説明する意識で作ります。

1

Hey, are you listening?

(なぁ，聞いてる？)

☑ you を動詞-ing形で説明する意識で練習してください。listen は「耳を傾ける」。

2

We're considering our options. We need more time.

(どうすればいいか考えています。もう少し時間が必要です)

☑ consider は「よく考える」。option は「選択肢」。we を considering our options で説明する意識で並べていきます。

3

Excuse me, but I'm looking for Mr. Anderson. Is he around?

(すみませんが，アンダーソンさんを探しています。近くにいますか？)

☑ 主語を looking for ～ (～を探している) で説明。

4

This day care is taking applications for new children.

(この保育所は新しい子供たちの申し込みを受け付けている)

☑ day care [day-care center] は「保育所」。taking applications for ... (…の申し込みを受け付けている) で説明していきます。

STEP UP! 未来の予定・計画を表す進行形　ADVANCED

I' m moving to Florida tomorrow.

（私は明日フロリダに引っ越します）

ⓐ 進行形は頻繁に「予定」を表します。通常の「～している」と違うことはすぐにわかります。未来の時点を表す表現（上は tomorrow）など文脈上明らかなヒントがあるためです。

●用法はつながっている。

進行形の意外な使い方，驚きましたか？ この使い方はもちろんいつもの進行形の延長線上にあります。

ⓐ **I'm playing** tennis.

ⓑ **I'm playing** tennis at 3:30 tomorrow.

ⓐはふつうの進行形「テニスをしているところです」。ですがここに未来の時点を加えたらどうでしょう。その時点で行なわれている出来事を表すことになりますね。「明日3:30にテニスをしているところです」――これはその人の「予定」ということになりますよね。表現にはまるで無関係な用法が同居することはありません。いつも納得できる理由がある，いつもどこかしらつながっているのです。

音読 Say it out loud!

▼「予定」を意識しながら進行形を作っていきましょう。

5

We're going out for dinner tonight.
Care to come?

(今夜は夕食を外で取るんだ。来たい？)

☑ 今夜の予定を表しています。go out は「外出する」。for は「求めて」の for。care to 〜 は「〜したい」。

6

I'm waking up at 5 a.m. tomorrow.

(明日は５時起床予定だよ)

☑ wake up は「起きる」。I を説明する意識で waking up を並べます。

7

Dad's making eggs for breakfast.

(朝ご飯はお父さんが卵料理を作るよ)

☑ making eggs 〜 で Dad を説明する意識。be動詞は「自動」で添えてくださいね。

8

Their new album is going on sale in two weeks.

(彼らの新しいアルバムは２週間後に発売です)

☑ go on sale は「売り出す」。売り出す予定を表しています。未来の文脈で in が使われていますが，この場合 in は「〜後」という時点を表すことに注意してください。

LESSON 16 説明語句の拡張②

説明型＋過去分詞形（受動態）

この配置の要点

「動詞＋説明語句」の説明型

His music is loved all over the world.

動詞　説明語句

（彼の音楽は世界中で愛されている）

ⓐ 受動態（be＋過去分詞）も主語を過去分詞（～される・されている）で説明した説明型の文。We're happy. とまるで同じように，主語を過去分詞で説明しているのです。

（注）過去分詞は「修飾語句専用」。主語や目的語として直接使うことはできないことを覚えておきましょう。

● 受動態の見方も変えましょう。

進行形が「be ＋動詞-ing形」ではなかったのと同じように，受動態も「be ＋過去分詞」ではありません。be動詞の後ろに過去分詞を置いただけの文と考えましょう。「～される」を表現するのに be動詞は必須ではないからです。

音読 Say it out loud!

▼過去分詞で主語を説明する意識で作りましょう。

1

English is spoken in many countries.

(英語は多くの国で話されています)

☑ speak は「話す」。spoken (話されている) で English を説明します。
※ speak (原形) – spoke (過去形) – spoken (過去分詞形)

2

The Olympic Stadium was completed in 2019.

(オリンピックスタジアムは2019年に完成した)

☑ complete は「完成させる」。その過去分詞で主語を説明。

3

All my data was erased in the power failure.

(停電でデータが全部とんじゃったよ)

☑ erase [iréis] は「消す，消去する」。その過去分詞が使われ「消された」。power failure [féiljər] は「停電」。

4

The opening match was held last week.

(開幕戦は先週行なわれた)

☑ hold (持つ，保つ) は受動態でしばしば「(パーティーや会議・大会が) 開催される」ことを表します。過去の be動詞 was が使われ「開催された」。

STEP UP! 受動態で使われる様々な前置詞

This photo was taken by a professional.

（この写真はプロに撮ってもらいました）

ⓐ 受動態には，誰によって·どういった状況で「～された」のかを示す前置詞フレーズがしばしば使われます。この文で by は「行為者（～によって）」を表しています。ほかの前置詞のケースも合わせて練習しておきましょう。

ⓑ by（近い，そば）によって，行為に直接手を下す主体が表されています。ほかの前置詞のケースも練習しましょう。

● 前置詞は大きく意味を広げる・by は行為者。

by が「行為者（～によって）」を表すのは，この前置詞が「近く，そば」を意味するから。前置詞は，in は「～の中」，at は「点」，on は「～の上」など，位置関係を表す単語です。意味が単純なだけに，幅広い使い途があるのです。

by は「近く」，そこから「出来事の近くにいてそれを引き起こしている人」を連想させる，だから「行為者」を表すのに使われるのです。上の文では was taken（撮られた）のそばに，行為者 a professional が想像されているのです。

単純なだけに幅広い使い途――どの前置詞も多彩な使い方を持っています。でも，ちょっと考えれば納得のいくものばかり。すべて元々の位置関係から生まれた使い方だからです。

音読 Say it out loud!

▼受動態に様々な前置詞フレーズを使ってみましょう。受動態は過去分詞で主語を説明する形だという意識を忘れずに。

5

This video was made by a famous YouTuber.

（このビデオは有名なユーチューバーによって作られた）

☑ **by** ～ が行為者を示しています。

6

I was surprised at the news.

（私はそのニュースに驚いた）

☑ **surprise** は「驚かす」。「驚かされて→驚いて」のように，感情を表すときに過去分詞を用いるのは大変一般的です。**pleased**（喜んで），**disappointed** [dìsəpɔ́intid]（ガッカリして），**excited**（興奮・わくわくして）など。**at** は「点」を表す前置詞。「そのニュースを聞いた時点で」というニュアンス。

7

My teacher wasn't satisfied with my explanation.

（先生は私の説明に満足しなかった）

☑ **satisfy** [sǽtisfài] は「満足させる」。その過去分詞形は「満足させられて→満足して」。**with** は「一緒」を表す前置詞。「私の説明」と一緒にいてそれに満足しないというニュアンス。

8

Seven people were killed in the accident.

（その事故で７人が亡くなった）

☑ **by** を使わないこと。**by** は行為者。人々は事故の **in**（中）で亡くなったのです。

説明語句の拡張③

説明型 ＋ to不定詞

この配置の要点

矢印（➡）のイメージ

My goal is to find a cure for obesity.

動詞　説明語句

（私の目標は肥満の治療法を発見することです）

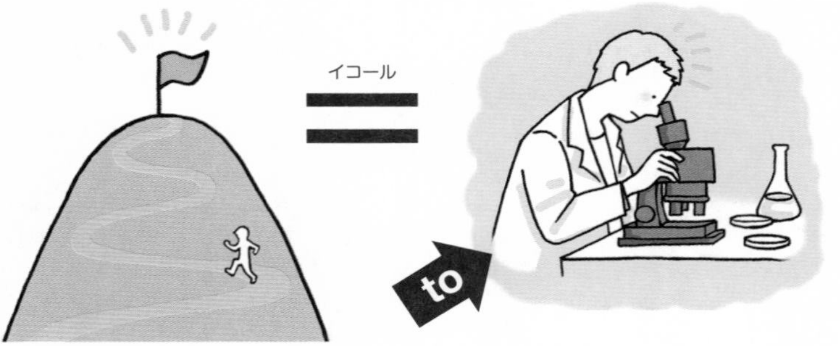

ⓐ to不定詞を説明語句の位置に置いた形です。この文では to の「向かって行く」矢印（➡）のイメージが，my goal（目標）と絶妙の組み合わせとなっています。

☑ obesity [oubí:səti]（肥満）

●様々な意味は to のイメージから。

単純な位置関係を表す前置詞は，単純なだけに多様な使い方を生み出します。be動詞の後ろに to不定詞を置いただけのこの形が，様々なニュアンスで使われるのも同じことです。

to（〜へ）の表す位置関係は矢印（➡）。到達点を指し示すイメージです。矢印の織りなす豊かな連想を楽しみながら音読を進めてください。

もちろん to不定詞のイメージは，前置詞の to と同じ。この2つの to をネイティブは——英語の先生でもない限り——区別などしていません。後ろに名詞が来たら前置詞，動詞原形が来たら to不定詞と，文法の都合で分けているだけですよ。

音読 Say it out loud!

▼ to不定詞の矢印が生み出すニュアンスを意識して練習します。

1

If you are to come, please bring flowers.

（もし来るつもりなら，花を持ってきてくださいね）

☑ to の矢印（➡）が「意図」に結び付いています。

2

You are to sit quietly.

（静かに座っていなさい）

☑ to の矢印（➡）は，ここでは相手が向かうべき方向を示しています。「命令」のニュアンス。

3

She is to attend Oxford.

（彼女はオックスフォード〔大学〕に通うことになっている）

☑ to の矢印（➡）が「予定」を表しています。

4

The boy was to become president.

（その少年は後に大統領になるのであった）

☑ to の矢印（➡）がここで表すのは「運命」。後にそういうことになる，ということ。

CHAPTER 2
LESSON 18

説明語句の拡張④

説明型 ＋ to不定詞/-ing形（〜すること）

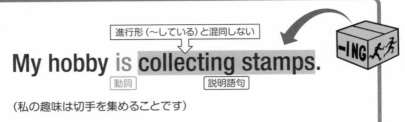

この配置の要点

進行形（〜している）と混同しない

My hobby is collecting stamps.

動詞　説明語句

（私の趣味は切手を集めることです）

ⓐ be動詞の後ろに to不定詞や動詞-ing形を置いた形が，単純に「〜すること」を意味する使い方です。

●「〜すること」と名詞のように。

I'm *a student*.（私は学生です）と同じような感覚で，動詞-ing形や to不定詞が「〜すること」と名詞のように理解されています。進行形や Lesson 17の to不定詞の使い方とは大きく異なります。文内容から，どちらの使い方なのかを判断してください。

音読 Say it out loud!

▼ be動詞の後ろに to不定詞や動詞-ing形を置き，「～すること」を表しましょう。

1

My hobby is to take pictures of trains.

（僕の趣味は電車の写真を撮ることです）

☑ to 以下が「～すること」を表しています。

2

To live is to learn.

（生きることは学ぶこと）

☑ 主語の to live（生きること）と to learn（学ぶこと）がいいバランスとなっている文。

3

Happiness is accepting change.

（幸せとは変化を受け入れること）

☑ accept は「承諾する，受け入れる」。単に受け取ることではなく「同意」が感じられます。動詞-ing形でも「～すること」。

4

Popularity is being liked by many people.

（人気とは多くの人に好かれることだ）

☑ 動詞-ing形の受動態で「～されること」。

CHAPTER 2

LESSON 19 説明語句の拡張⑤

説明型 ＋ 節

この配置の要点

以降の内容に
しっかりつなぐ意識

The problem is that
動詞

we can' t meet the deadline.
説明語句

（問題は私たちが〆切を守れないということです）

ⓐ be動詞の後ろに節を配置します。（that）節のほか，if/whether 節，wh節も使えますよ。

☑ meet the deadline（〆切に間に合わせる）

●英語は「配置のことば」。だから気軽に。

英語は「配置のことば」。決まった場所に表現を置けば機能を与えられることばです。be動詞の後ろに置けば，節だって自動的に「説明語句」とみなされます。気軽に主語を節で説明していきましょう。節を使うため文は長くなりますが，がんばってくださいね。

音読 Say it out loud!

▼ be動詞の後ろに節内容を置きましょう。

1
The question is whether you can pass the test or not.

(問題は君が試験に合格できるかどうかだ)

☑ 問題は，と始め **whether** 節（～かどうか）で説明する形です。be動詞の後ろに気軽に節を置くことが重要です。

2
This is where I proposed to your mother.

(ここは私が君のお母さんにプロポーズした場所だよ)

☑ wh節で説明。**where** 以下は「私がどこであなたのお母さんにプロポーズしたか＝プロポーズした場所」。

3
That was when I had blonde hair.

(〔写真を見せながら〕それは私が金髪だったときのよ)

☑ これも wh節。**when** で「～する・したとき」ですね。**blonde** [blάnd] は「金髪の」。

4
The simple fact is that you're unsuited for this job.

(単純な事実は君がこの仕事に向いていないということだ)

☑ **that** 節で展開。思いのほか便利な形ですよ。しっかり音読練習を加えてください。**unsuited** は「適さない，ふさわしくない」。

CHAPTER 2
LESSON 20

説明語句の拡張⑥

目的語説明型 ＋ -ing形

この配置の要点

説明関係（＝）

You kept me waiting. 

目的語　説明語句

Where were you?

（待たせたわね。どこにいたの?）

「説明語句」は目的語説明型にもありました。様々な要素で目的語を説明します。

ⓐ 説明語句に動詞-ing形。この文は「me ＝ waiting（待っている）の状態をkept（保った）」ということ。「（あなたは）私を待たせた」という意味になります。説明語句が名詞・形容詞であったときとまるで同じ説明関係を意識してください（☞P.21,25）。

●後ろに置けば「説明」に。

英語は「配置のことば」だから，どんな表現でも，目的語の後ろに置きさえすれば目的語の説明となります。英語は本当にシンプルなことばなのです。まずは動詞-ing形を置いていきましょう。よく使われる形ですよ。

音読 Say it out loud!

▼動詞-ing形を気軽に目的語の後ろに。説明関係（＝）を「主語＝述語」のように捉えることも可能です。

1

We saw you trying to steal something.

（君が何かを盗もうとしているところを見たよ）

「you ＝ trying to steal something を見た」ということ。動詞-ing形にすることによって，その瞬間を写真のように捕らえた感触が生まれています。

2

If I find you sleeping on the job again, you're fired.

（もし仕事中にまた寝ているところを見つけたら，お前はクビだ）

「you ＝ sleeping on the job を見つける」ということ。fire は「クビにする」。

3

My parents caught me downloading music from the Internet.

（両親にネットで音楽をダウンロードしているところを見つかった）

「me ＝ downloading music from the Internet を捕まえた」。この caught は catch（捕まえる）の過去形。

※ catch（原形）– caught（過去形）– caught（過去分詞形）

4

I'm sure I heard the baby crying. I'll go and check.

（確かに赤ちゃんが泣いているのを聞いたよ。見てくるね）

「the baby ＝ crying するのを聞いた」。

CHAPTER 2
LESSON 21

説明語句の拡張⑦

目的語説明型 ＋ 過去分詞

この配置の要点

説明関係（＝）

I had my hair cut last week.

目的語：my hair　説明語句：cut

（先週髪を切った）

ⓐ 説明語句に過去分詞（～された）。「my hair ＝ cut（切られた）という状況を had（持った）」，つまり「髪を（理髪店などで）切った」ということ。
※ cut（原形）－ cut（過去形）－ **cut**（過去分詞形）

●「I cut my hair.」なら自分で切った感じ。

I had my hair cut. は「髪を（理髪店などで）切った」。一方，I cut my hair.（私は髪を切りました）という文なら，「自分で切った」感じが強くします（理髪店で切った場合に使うこともありますが）。

音読 Say it out loud!

▼目的語と過去分詞が受動態の意味となっていることを意識。

1

She's having her phone repaired, so she can't reply to texts.

（彼女は電話が修理中だから，メールには返信できない）

「her phone ＝ repaired という状況を have しているところ」ということ。この have の使い方，しっかり慣れてください。reply は「返事をする，応答する」。

2

I want this laundry folded.

（この洗濯物を畳んでもらいたい）

「this laundry ＝ folded を want（欲している）」ということ。

3

I'll get my homework done by 10.

（10時までに宿題を終わらせます）

「my homework ＝ done という状態を get（得る）」。get ... done は非常によく使われるコンビネーション。will は「〜するよ」。意志を表しています。

4

He had his house broken into by a burglar.

（彼は家に泥棒に入られた）

「his house ＝ broken into（家が入られる）という状況を have した」。break into は「住居に押し入る」。break into his house の意味関係であることに注意。

CHAPTER 2 LESSON 22

説明語句の拡張⑧

目的語説明型 ＋ 動詞原形

この配置の要点

説明関係（＝）

I saw her open the window.

目的語　〈動詞原形〉　説明語句

（彼女が窓を開けるのを見た）

ⓐ 説明語句に動詞原形を使った目的語説明型。動詞原形は単に「〜する」。この文は「彼女が窓を開けるのを（見た）」。その瞬間を捉えた動詞-ing形 opening the window（窓を開けているところを）とは印象が異なります。

ⓑ 「見る・聞く」などの知覚系動詞，「〜させる・してもらう」など使役系動詞などに使われる形です。

●「動詞原形」も気楽に並べる。

動詞原形を並べるこのパターン。最初はちょっと違和感があるかもしれませんが，目的語と説明語句の間には「＝（イコール）あるいは主語ー述語」の関係があることに注意しましょう。「主語ー述語」なら動詞原形が使われるのも自然ですね。さあしっかり口慣らし。がんばっていきましょう。

音読 Say it out loud!

▼目的語と直後の動詞原形が説明関係（＝）であることを意識します。

1

I heard Lucy play the piano.

（ルーシーがピアノを弾くのを聞いた）

動詞原形を使う場合でも目的語と説明語句の意味関係は変わりません。「Lucy ＝ play the piano を聞いた」ということ。

2

I saw you leave the restroom without washing your hands.

（君が手を洗わずにトイレを出るのを見たよ）

「you ＝ leave ... を見た」。without（～なしで）は前置詞。後ろは動詞-ing形を使います。

3

Watch me do a slam dunk, OK?

（スラムダンクするから見てなよ）

「me ＝ do a slam dunk するのを見る」。watch は「ジッと見る，注視する」。動きのあるものと大変相性のいい「見る」。この動詞が使われているところから，これからスラムダンクをしてみせることが想像されます。

4

I felt the building shake.

（ビルが揺れるのを感じた）

「the building ＝ shake するのを felt（感じた）」。

STEP UP! 使役（～させる）を表す

ADVANCED

説明関係（＝）
動詞原形 単に～する
My wife made me sleep on the couch last night.
目的語
説明語句

（妻は昨晩私をソファーに寝させた）

ⓐ 動詞原形を使った目的語説明型の文の中に,「～させる」と訳されるケースがあります。make, have, let が使われ「使役文」とまとめて呼ばれますが, ニュアンスは大きく異なります。

ⓑ make は「作る」。ある状況を（力を入れて）作るニュアンスから「強制的に, 有無を言わせず」というニュアンスを伴います。上の例は「me ＝ sleep on the couch を（強制的に）させる」ということ。

●「させる」から自由になってください。

make, let, have, それぞれのニュアンスを意識しながら音読することが肝心ですよ。日本語訳の「させる」はもう忘れてください。「～が…することを make/let/have する」というだけのことなのですから。「させる」よりもそれぞれの動詞のニュアンスを身につけてくださいね。

音読 Say it out loud!

▼動詞のそれぞれのニュアンスを確かめながら練習を進めてください。

5

This company makes you work on Saturdays.

(この会社は土曜日働かせるんだ)

☑「you = work on Saturdays を make する」ということ。強制力が感じられます。

6

My parents are making me take piano lessons.

(両親は私にピアノのレッスンを受けさせている)

☑「me = take piano lessons をさせる」。嫌々やっていることが伝わってきます。

7

My boyfriend made me wear a matching sweater.

(私のボーイフレンドは私におそろいのセーターを着させた)

☑「me = wear a matching sweater をさせる」。こちらも嫌々です。

8

After the long meeting, our boss let us go home.

(長いミーティングの後，上司は僕たちを帰らせてくれた)

☑ let は「許す」。allow と同系列の単語です。allow がカッチリとした「ゆ・る・す」であるのに比べ，let はごく軽く使われる単語。この文は「us = go home することを許した」ですが，「家に帰らせた」程度の軽いタッチ。
※ let (原形) – let (過去形) – let (過去分詞形)

9

I like this restaurant because they let you take home leftovers.

(私はこのレストランが好きです，残ったものを家に持ち帰らせてくれるので)

☑「you = take home leftovers を許す」ということ。leftovers は「食べ残し」。

10

My sister won't let me hold her baby.

(私の姉は赤ちゃんを抱かせてくれない)

☑「me = hold her baby をさせない」。won't let は「〜させようとしない」。意志の will の否定です。

11

Let me know if you can come to my birthday party.

(私の誕生日パーティーに来ることができるかどうか教えてください)

☑ let me know (知らせて・教えてください) は，非常によく使われるコンビネーション。直接的な Tell me ... よりも，「知っている人の仲間に入れてください」といった柔らかな感触を伴います。

12

I'll let you know about my plan when I decide.

(決まったら私の計画を教えてあげます)

☑ let you know (あなたに教える) も大変ポピュラー。

13

I'll have my secretary fax it to you right away.

（秘書にすぐファックスを送らせますよ）

☑ have を用いた目的語説明型（☞P.72）と全く同じニュアンスです。「**my secretary** ＝ **fax it to you right away**（という状況を持つ）＝送らせます」ということ。have は動きが感じられない動詞。「（誰かに）～させる」と訳される場合にも，**make** のような強い働きかけは感じられません。客が店員に，上司が秘書に，患者が医者に，教師が生徒にさせる・してもらうなど，当然やってもらえるという状況が最適です。

14

He had the server bring him a clean napkin.

（彼は給仕係にキレイなナプキンを持ってきてもらった）

☑ **server**（給仕係：ウエーター・ウエートレスなど）に持ってきてもらうことは当然のこと。だから have が選ばれているのです。

15

Have the valet go get the car please. I'm ready.

（駐車係に車をとって来させてちょうだい。出発の準備ができたから）

☑ **valet** [vælé i] はレストランなどの駐車係。レストラン店員に指示している状況です。

NOTE

説明語句の拡張⑨

目的語説明型 ＋ to不定詞

この配置の要点

説明関係（＝）（目的語が to 以下の行為・状態に移行）

I told you to clean your room!

目的語 ➡ 説明語句

（部屋を掃除するように言ったわよね!）

ⓐ「to＋原形動詞（to不定詞）」が説明語句として使われています。to のイメージは前置詞の to と同じ「矢印（➡）」。この形は目的語が to 以下の行為に移行することを示しています。この文は「you → clean your room するよう言った」――移行が感じられています。

●パターンの意味と動詞の選択。

このパターンで使われる「言う」は tell だけ。（×）spoke you to ～ などとは言えません。それは tell のイメージが「メッセージを渡す」だから。この形では to 以下の方向に進むように「メッセージを渡す・指示を与える」となります。speak は「音声を出す」，say は「ことばを言う」，talk は「おしゃべりをする」。このパターンの持つ意味と合わないため，使いづらいのです。

文の型と動詞の選択は，日本語訳を越えたニュアンスをつかめば容易に身につけることができますよ。

音読 Say it out loud!

▼ to が表す移行のニュアンスを意識しながら音読を進めましょう。

1

I asked her to marry me.

（彼女に結婚してくれるよう頼んだ）

✓ この形は ask，get，order といった，誰かに働きかけるタイプの動詞と組み合わされることが頻繁にあります。to 以下の行為に移行することを「頼む・働きかける・命令する」のです。この文は her が marry me に移行するように頼んだということ。

2

I persuaded my parents to get a cat.

（両親にネコを飼うよう説得した）

✓「my parents → get a cat するように説得した」。働きかけが感じられます。「実際に買ってもらった」ところまでを表しています。

3

I got my boss to give me the day off.

（上司に休ませてもらった）

✓「my boss → give me the day off するように働きかけた」。get は「動き」。この形で使われると漠然と「（休みをくれるよう）働きかける」ことを示しています。

4

I don't want you to feel bad, but I can't eat this soup.

（気を悪くしないでもらいたいのだが，このスープは飲めない）

✓ want はこの形をとる代表的な動詞です。「you → feel bad になってほしくはない」——やはり to には移行が感じられています。I want to ～ は言えても，I want you to ～ は言えない方も多いようです。思い切って使ってみてください。

5

I warned you not to be late.

(遅刻しないように注意しましたね)

warn は「警告する」。ここでは not が使われ「you → be late しないように警告した」となっています。このパターンも大変重要ですよ。

6

I won't allow you to ruin my birthday party.

(君が私の誕生日パーティーを台無しにするのを許すわけにはいかない)

意志の will (〜するよ) の否定 won't が使われ「〜しないよ」。「you → ruin 〜 するのを許さない」となります。ruin はすばらしい (はずの) ものを台無しにするイメージの動詞。

7

I'm sorry, but my religion forbids me to eat pork.

(すみませんが，宗教上の理由で豚肉が食べられません)

forbid [fərbíd] は「禁じる」。宗教が「me → eat pork を禁止している」ということです。

8

I need you to listen to me.

(僕の言うことに耳を傾けてもらいたい)

「you → listen to me する必要がある」ということ。listen には「(意識的に) 耳を傾ける動作」から「アドバイスなどを聞く，聞く耳を持つ」という使い方が生まれています。

9

I expect you all to do your best.

(君たちみんながベストを尽くすことを期待します)

☑ expect は「予期する，期待する」。「you → do your best することを期待する」です。

10

All members are expected to obey the dress code.

(すべてのメンバーにはドレスコードに従うことが求められています)

☑「expect＋目的語＋to 〜」の受動態です。本来の目的語 all members が主語の位置に置かれたと考えれば理解しやすいでしょう。be expected to は目上(あるいは社会一般)からの圧力が感じられる表現です。「(当然〜するように)期待されている」から「やるほかはない」につながっているのです。

NOTE

おつかれさまでした。この時点でみなさんは，基本文型の各部を様々な部品で正しく拡張する技術を手に入れました。

英語文は，ほとんどの場合，これまで学習したどれかのパターンに属します。英文を読んでも「ああ，あのパターンだな」と容易に理解することができますし，話すときも表現力さえ身についていれば，意味の伝わる文を作り上げることができるはずです。これが「配置のことば」英語のシンプルさなのです。

次の章では，非常に頻度が高くパターンとして覚えることが大切な「リポート文」，主語位置に特徴がある「命令文」「there 文」の練習をしましょう。大変短い章。すぐに仕上げてください。

CHAPTER 3

リポート文・命令文・there 文

LESSON 24—26

この章では，頻度が高く，「定番の形」として慣れておくべきパターンを3つご紹介します。

音声再生

❶ リポート文

「リポート文」は，主語の思考・感情・発言・知識などについて「リポート」するタイプの文のこと。動詞（句）内容を節で説明する形をしています。「動詞（句）」としたのは，think（思っている），know（知っている）といった単独の動詞だけではなく，told me（私に言った），promise him（彼に約束する）など，複数語からなるフレーズ（句）も自由に使うことができるからです。

説明

I think he's right. （私は彼が正しいと思います）

日本語訳の「思います」が文末にあることに注意しましょう。英語と日本語は語順が逆転します。英語ではまず I think と述べ，その後その内容を「説明する」語順となります。日本語の語順で考えず，英語の語順のまま，理解・練習することが大切です。

❷ 命令文

命令文は主語がなく動詞原形から始まる特別な形です。

Think about it. （よく考えるように）

動詞原形

相手に「～するように」と要望をぶつける強烈な文ですが，様々なバリエーションがあります。

❸ there 文

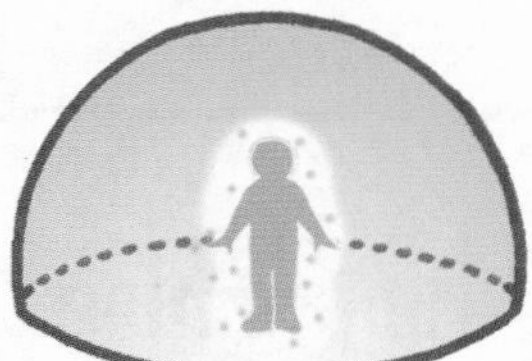

there 文は「～がいる・ある」を意味しますが，使われるタイミングに注意が必要です。次の例文を考えてみましょう。

× **There is the boy in the park.**
（○ **The boy** is in the park.）
（その少年は公園にいます）

there 文は，同じように「～がいる・ある」を表す（　）内の文とは使い方が違うことがわかります。the boy はすでに話題に登場した「あの少年」であり，この場合は The boy is ... が使われます。一方，まだ話題の中に登場していない a boy（ある少年）に使われるのは There is a boy ... 。実は there 文は，それまで話題に上っていない事物を「～がいるよ・～があるよ」と，話に登場させる形なのです。

一致

There is a hole in my pocket. （ポケットに穴がある）

there + be

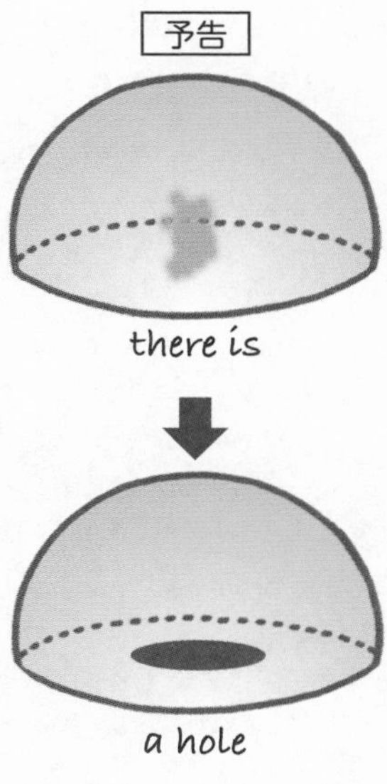

there＋be の後ろの名詞が be動詞に一致することに注意しましょう。ここでは a hole（単数）ですので，単数用の be動詞 is が選ばれています。この変わった形は「予告」と考えることができるでしょう。未知のものを主語とし，突然 A hole is ... と言い出せば多少なりとも面食らってしまいます。そこで場所を連想させる there を前に出し「これから新しい事物があることを伝えます」と一拍の前置きを置く，そのためにこうした変わった形が使われるのだと私は考えています。

この章にはわずか3つの配置パターンしかありません。急いで終わらせてしまいましょう。

LESSON 24 リポート文〈動詞句＋(that)節〉

この配置の要点

説明

He promised me that he would marry me.

動詞句　　(that節)

(彼は私と結婚すると約束してくれた)　　以降の内容にしっかりつなぐ意識

ⓐ 動詞句の内容を節を置いて説明します。この文は promised me (私に約束をした) の約束内容を節 that he would marry me で説明しています。語順に忠実に理解し作り出してください。

ⓑ 動詞句は，I *think*，He *believes* など単独の動詞であることも，あるいは He *is sure*，I'm *afraid* など形容詞が意味の中心の動詞句となることもあります。

● that の有無。

(that) 節での that の使用には意味があります。指示代名詞 that は「あれ」と相手の関心を特定の事物に「導く」働きを持つ単語でしたね。実は，この「導く」は that の使い方すべてに共通しています。

He promised me **that** he would marry me. (彼は私と結婚すると約束した)

この文では promised me の内容を「何を約束してくれたかというと…」といった具合に，正確に丁寧に導こうという意識が働いているのです。もちろん，そうした意識がなければ promised me he would ... としても構いません。気軽につないでいる，そうした感じの文となります。「導く that」は以降「同格 (☞P.142)」「関係代名詞 (☞P.147)」でも登場しますが，すべて同じ感覚ですよ。

音読 Say it out loud!

▼**動詞句**の内容を，後ろに「節」を置いて説明しましょう。

1

I **think** he is ideal.

（彼は理想的だと思うよ）

☑ think の内容を後ろの節が説明。I think と述べてからその内容を説明する意識で節を置きます。語順に忠実に。

2

Stacy **heard** you're free on Saturday.
She wants you to cover her shift.

（ステーシーは君が土曜日暇なことを聞いたんだ。君にシフトを替わってもらいたいんだって）

☑ Stacy heard の内容を you're free on Saturday が説明。wants you to ～ は目的語説明型。

3

I **know** you've been drinking.
Hand over your keys.

（君が飲んでいたことは知っているよ。〔車の〕カギを渡しなさい）

☑ know（知っている）の内容を節が説明。現在完了進行形（have been -ing）は，動作が現在に至るまで繰り返し起こっていることや継続していることなどを表します。

4

I **don't believe** we've met.
My name is Ken, I work in accounting.

（以前お目にかかったことはありませんね。私はケン，会計で働いています）

☑ don't believe の内容を we've met（会ったことがある）で展開。accounting は accounting division（会計部）を意味しています。

5

Dean **says** you're good with computers. Is that so?

（ディーンは君がコンピューターが得意だと言っているよ。そうなの？）

☑ be good with ～ は「～を扱うのがうまい」。

6

He promised me he broke up with his girlfriend.
He lied.

（彼はガールフレンドと別れると約束してくれた。彼は嘘をついたのよ）

☑ **promised me** の内容を節で展開。**break up with** ～ は「～と別れる」。

7

He told me he doesn't want to marry me.

（彼は私と結婚したくないと言った）

☑ **told me** の内容を節で展開。

8

He swore to me he was at work.
But his SNS account says otherwise.

（彼は仕事をしていたと言い張ったが，彼のSNSアカウントは違うと言っている）

☑ **swear** [swéər] は「誓う，言い張る」。**swore to me** の内容説明が後続の節。次の無生物主語の文──「**SNS** のアカウントが言う」に注意。英語は無生物主語の許容度が日本語よりも遙かに高いことを知っておきましょう。**say otherwise** [ʌ́ðərwàiz] は「別のことを言う」。**other** は「ほかの」，**-wise** は **way**（方法）。

9

We discovered that Kevin was the culprit.

（ケビンが〔この問題の〕元凶だということがわかった）

☑ ここでは **that** を使って動詞 **discover** [diskʌ́vər] とその説明をしっかりと正確に結び付けています。**discover** は「発見する」。**find** よりも「おおっ」という感触が強い単語。**culprit** [kʌ́lprit] は「犯人」。ここではくだけた言い方で「（何らかの問題の）原因」という意味で使っています。

10

I'm afraid we're fully booked. My apologies.

(申し訳ありませんが予約で一杯です。すみません)

☑ **am afraid** の説明が後続の節 **we're fully booked**。**fully booked** は **fully** が **booked**（予約された）のレベルを指定し「完全レベルで予約された」。指定ルール（後述）の形。

11

I'm sure this is my phone.

The wallpaper is my pet chihuahua.

(これは僕の電話ですよ。その壁紙は僕のペットのチワワです)

☑ **am sure** は「確信している」。確信の内容を展開する意識で節を続けます。

12

I'm so sorry I can't make it.

Can I get a rain check?

(すまないが行けないんだ。延期していい？)

☑ **am sorry**（ごめんなさい）の内容の説明が **I can't make it**。**make it** は「事を成す＝成功する」。この場合は予定通り参加することの意。**get a rain check** は「延期する」。

13

I'm happy you're here.

I know you're a busy man.

(君がここに来てくれて嬉しいよ。君が忙しい人だということはわかっているから)

☑ **am happy** の内容（どうして嬉しいのか）を節で展開します。**happy** は「幸せな」と訳されますが，気分の良い状態を「満足」から「幸せ」まで幅広く表す表現です。

14

I'm positive this is the solution.

Everything else failed.

(これがその解決法だと思うよ。ほかのやり方はすべて失敗したから)

☑ **positive** は「確信して」。確信の内容を節で展開。**everything else** の **else**（ほかの）の使い方にも慣れておきましょう。

STEP UP! リポート文に if/whether節を使う

説明

I haven't heard if they're coming.

動詞句　～かどうか　if/whether 節

（彼らが来るかどうか聞いていません）

ⓐ 動詞句内容を that 節だけではなく，if/whether 節（～かどうか）で説明することもできます。

ⓑ この文では haven't heard（聞いていない）の内容が「彼らが来るかどうか」。if 以外の whether，whether ... or not（whether に厳密さを加えるために or not〔それともそうではないのか〕が付いています）も使ってみましょう。

●単機能であることの「力」。

if と whether は同じ意味で使うことができますが，whether の方が「カッチリと明確に」選択を表します。if は「もし～なら」と併用される多機能の単語であるのに対し，whether が「～かどうか」だけに使われる単機能の単語だからです。どんな文脈で使われようが紛れなく選択を表す，それが whether の強みなのです。

音読 Say it out loud!

▼ リポート文に if/whether節を使いましょう。

15

Do you know if there's a convenience store near here?

(この近くにコンビニがあるかどうかご存知ですか？)

☑ know の内容を if 節（〜かどうか）で展開しています。

16

Please ask Tim whether or not he wants coffee.

(ティムにコーヒーが欲しいか聞いてください)

☑ ask Tim を whether 節で展開。

17

We're not sure whether it's contagious or not.

(私たちはそれがうつるかどうかよくわからない)

☑ contagious [kəntéidʒəs] は「伝染性の」。are not sure の内容を whether 節で展開。

18

I can tell whether or not you opened the email.

(君がメールを開けたかどうかわかるよ)

☑ can tell は「言うことができる＝わかる，見分けられる」。その内容を whether 節で展開。

STEP UP! リポート文に wh節を使う　ADVANCED

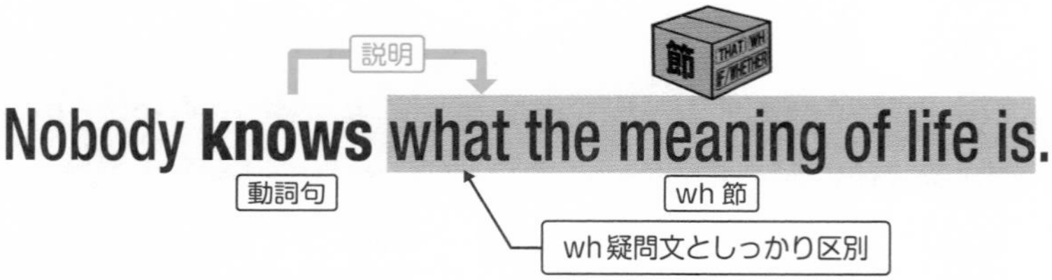

（誰にも人生の意味が何かなんてわからない）

ⓐ wh節を使って動詞句内容をリポートしてみましょう。この文は know（わかっている）の内容を wh節「人生の意味は何か」で説明しています。

ⓑ wh節は wh語（what）以降が平叙文の形をしています。wh疑問文 What is the meaning of life?（人生の意味とは何でしょうか？）とは異なり，疑問の意味を持たない文の部品であることに注意しましょう。

● wh節と wh疑問文は紛れなく。

この２つの形を混同しやすいのは，疑問文で wh節が使われるケースです。

Do you know **where the station is**?
（駅がどこにあるのかご存知でしょうか）

この文で疑問のキモチが含まれているのは do you know の部分だけ（疑問形ですね）。基本は「知っていますか？」という文。where 以下は「どこに駅がある（のか）」。疑問の意味を持たない文の部品にすぎません。

音読 Say it out loud!

▼リポート文に wh節を使いましょう。wh語以降は平叙文となることに注意。

19

We all know what you did. Admit it!

（僕たちはみんな君がしたことを知っているんだ。認めろよ！）

☑ what you did が wh節。what 以降が疑問文の形をしていないことに注意しましょう。What did you do? は「君は何をやったの？」, what you did は「君が何をやったのか＝君がやったこと」。

20

I don't care what you think. You're wrong.

（君が考えていることに興味はないな。君は間違っているよ）

☑ not care は「気にしない，関係がない」。

21

I forgot when our anniversary is.

（いつが記念日なのか忘れちゃったよ）

☑ forgot（忘れた）の内容を when 節（いつが～なのか）で展開。

22

Show me how you do your makeup.

（お化粧の仕方を見せて）

☑ how は「方法，様子」を示す wh語。「どうやって化粧するのか」ですね。

23

We're not sure where the meeting is.

（どこでミーティングがあるのかよくわかりません）

☑ where the meeting is は「ミーティングがどこであるのか＝ミーティングの場所」両用です。

CHAPTER 3

LESSON 25 命令文〈動詞原形 ～〉

この配置の要点

主語がない

Eat up!

動詞原形

（全部食べなさい!）

ⓐ 命令文は主語のない文。「動詞原形」で文を始めます。

ⓑ 目上から目下に，大人から子供に，が典型的な語気の強い形ですが，相手に利する内容に関しては「強いお勧め」となります。

ⓒ Please ～（どうか～してください），Let's ～（～しよう），Don't ～（～するな）など，様々なバリエーションがあります。

●なぜ命令文には動詞原形を使うのか？

命令文で動詞原形が使われるのは，それが「現在の事実」ではないから。現在形や過去形は，現在・過去の事実を述べる形。He loves me.（彼は私を愛している）は，事実を述べていますね。命令文はまだ実現していないことを指示する形であるため，これらの形は使えないのです。

音読 Say it out loud!

▼様々な命令文の形をしっかりマスターしてください。

1

Listen up. The lesson is starting.

(よく聞け。レッスンは始まっているよ)

listen（耳を傾ける）に **up** が加わり「よく聴く」。**up** には「完全に」のニュアンスがあります。左頁の **eat up** も同じですね。

2

Watch closely. I'll only do this once.

(しっかり見ててね。この１回しかやらないよ)

watch は動作に注目する「見る」。これから何かをやってみせることが感じられます。**closely** は「間近に，しっかりと」。

3

Be good to your mother.

(お母さんに良くしてあげなさい)

be動詞の原形は **be**。

4

Try it. You'll love it.

(食べてごらんよ。きっと気に入るよ)

語気の強い命令文ですが，相手に利する内容である場合は好意的に響きます。命令文の強さがお勧めの強さとなるからです。**You must try it.**（食べてみなきゃ）も同じように好意的お勧めとなります。

5

Please show me your ID.
I need to verify your age.

（身分証明書をお見せください。年齢を確認する必要があります）

☑ please を付ければ，命令文も丁寧な文に早変わり。大変便利な単語です。verify は「正しいかどうかを確かめる，証明する」。

6

Stay, please. I can't live without you.

（行かないで。君なしでは生きていけないんだよ）

☑ please は後置も可能です。

7

Give me some space, **please.**
I need to be alone right now.

（少しほっといてくれませんか。今は一人になりたいのです）

☑ space は「空間」。ここでは一人の縛られない・干渉されない時間を意味しています。

8

Don't fire me, please! I need this job!

（どうかクビにしないでください！ この仕事が必要なのです！）

☑ Don't を文頭に付けて「～するな」。動詞は原形です。fire は「クビにする」。何らかの問題を起こしたことが暗示される表現です。

9

Don't apologize. It's not your fault.

（謝罪なんてするな。君の責任じゃないよ）

☑ apologize は「謝罪する」。（I'm）sorry. よりも一段と深い謝罪を表します。fault [fɔ́:lt] は「（失敗などの）責任，落ち度」。

10

☐
☐
☐

Don't talk to me like I'm a child.

(僕が子供であるかのように話してくるなよ)

☑ like（～のような，～のように）の後ろにフルセンテンス。よく使われる形です。

11

☐
☐
☐

This party is lame. **Let's go**.

(このパーティーはつまらないよ。行こうぜ)

☑ Let's ～ の文。相手を「～しようよ」と強く引っ張る勢いある表現です。let's の後ろは動詞原形ですよ。lame [léim] は「つまらない」。

12

☐
☐
☐

Hey, isn't that Meiko Satsuda?
Let's get her autograph!

(なぁ，あれって薩田芽衣子じゃないか？ サインもらいに行こう！)

☑ 最初の文は「～じゃない？」を表す否定疑問文。autograph [ɔ́:təgræ̀f] は，有名人の「サイン」のこと。

13

☐
☐
☐

Oh no, it's my ex. **Let**'s get out of here.

(あれれ，僕の元カノだよ。出ようぜ)

☑ ex- は「先の，元の」。そこから ex は先妻・先夫や昔の彼・彼女を表します。

14

Let's forget about it, shall we?
It's time we move on.

（それについては忘れよう，そうしない？　もう先に進むときだよ）

☑ **Shall we ～？**は「～しようか」と訳されますが，「～しませんか」と相手の意向を伺うソフトな誘い方。この文のように**let's**の文に付加され，「～しようよ，そうしない？」とコンビで使われることもしばしば。強く誘ってから「そうしない？」と優しく手を取る感じです。

15

Let's not talk about it anymore.
It makes me sad.

（もうその話はしないようにしよう。悲しくなるんだ）

☑ **let's**は使えても**let's not**が使えない人はたくさんおられます。「～しないようにしようよ」。しっかり口慣らしをしてください。**makes me sad**は目的語説明型。

16

Do pay attention. This is important.

（しっかり注目すること。重要ですよ）

☑ 命令文に**do**を加えてみましょう。命令文をさらに強調する形です。**He does love me!**（彼は私のことが大好きなのよ！）など，動詞に**do**を加えて文全体を強調することはよくあります。それが命令文に使われた形です。

17

You keep your mouth shut.

（いいか，黙っていろよ）

☑ 命令文に主語を付けた形。通常の命令文よりも，**You**と発言の方向を加えることによって，意味が強まります。

18

Go, now. **Do not** come back.

（もう行け。絶対帰ってくるなよ）

☑ **Don't** 〜と短縮せず，じっくりと **Do not** 〜。しっかり禁止したいキモチが感じられます。

19

Never cross me. I mean it.

（私に逆らうなよ。本気だからな）

☑ **Never** 〜は **Don't** 〜よりも強い「禁止」です。その後ろには動詞原形を従えます。**I mean it.**（〔冗談でなく〕本気だよ）といいコンビネーションになっていますね。**cross** は「逆らう，背く」。

20

Don't you ever come back here again!

（ここに二度と帰ってくるな！）

☑ **Don't you ever** 〜は **Never** 〜よりもさらに(!)強い禁止を表します。**never** が **not** と **ever** に「分解」された分，強く読むことのできる箇所が2カ所となり，意味が強まるのです。ほとんど大声で言っているような質感があり，使用には十分注意が必要です。

NOTE

LESSON 26 there 文〈There + be ～〉

この配置の要点

There is a dog in the schoolyard.

一致

there+be

名詞

新しい事物を引き込む前置きの意識

（校庭に犬がいます）

ⓐ「there＋be動詞」で文を始めるこの形は，「～がある・いる」を表す形です。there はこれから話題に「引き込む」初めての事物について，相手に準備させる意識で使います。

ⓑ be動詞は後ろの名詞に一致。単数なら is（was），複数なら are（were）。

●形の持つ意識。

英語が「自分のことば」となるのは，文の形と意識が完全にシンクロしたときです。口から出ていく英語が自分の意識の流れと完全に一致する。そこまで行けば，すでに「英語を話している」とは感じなくなります。

このレベルに到達するためには「形の意識」をまず理解しなければなりません。このレッスンの there 文を含め，これまでそれぞれのパターンが持つ独特の意味，意識を解説してきました。「それぞれの形をどんなキモチで作り上げていけばいいのか」に注意しながら練習を重ねてください。大切なのは「文が言える」ことではなく，「ネイティブと同じキモチで言える」ことなのです。がんばって。

音読 Say it out loud!

▼新しい事物を話題に持ち込む意識を忘れずに練習します。

1

There're ten people waiting to use this computer.

（10人がこのコンピューターを使うのを待っています）

☑ ten people は複数。be動詞は複数の are。ten people と述べた後，どういった10人なのかを waiting 以下が説明。名詞に説明が加わる形は there 文では大変ポピュラー。

2

Hey look, **there's** Adam! Hi Adam!

（おい，アダムがいるぜ！ やぁアダム！）

☑ 誰もアダムに気がついていない状況で「アダムがいるよ」と話題に引き込んでいます。

3

There's lipstick on your collar.

（襟に口紅ついているよ）

☑ 相手にとって初めての事物を引き込むことがよくわかる例ですね。collar は「襟」。

4

We couldn't play rugby.
There weren't enough players.

（ラグビーはできなかったよ。十分な〔数の〕選手がいなかったんだ）

☑ enough players と複数，そして過去の文なので were が使われています。

おつかれさまでした。これでみなさんは，日常頻繁に用いられる文の型をすべて身につけました。文作りの最も厳しい部分はもう乗り越えたのです。

次の章からは文に彩りを添える様々な「修飾」を扱います。単に「文が作れる」から，より自由で複雑な文作りに目標を移しましょう。

CHAPTER 4

修飾配列①説明ルール

LESSON 27―44

この章では修飾を取り扱います。英語文の修飾には２つの位置関係が大変重要です。ここではまず「説明」の位置関係を学び，習熟します。日本語の語順を脱し，英語を英語のまま生み出す重要なレッスンです。

音声再生

❶ 英語の修飾パターン

この章と次章では，英語の修飾を貫く，配置パターンに習熟していきます。この練習によって今まで別々に頭に入れてきた数多くの文法事項が「統合」され，会話への臨戦態勢が整います。また，日本語語順に惑わされて上がらなかった会話の力が，英語語順のシンプルさを理解し慣れることによって，大きく増進するでしょう。**英語は単純な，使い勝手の非常に良いことば**なのです。

❷ 本質的に同じことをやっている

「数多くの文法事項が統合」と述べましたが，説明しましょう。次は名詞修飾の例です。英文の**太字**は修飾されている（被修飾）語句，網掛けは修飾語句です。この章では一貫してこの表記となります。ご注意ください。

ⓐ **The money** in my wallet isn't enough to buy lunch.
（財布の中のお金では，お昼ご飯を買うのに十分じゃない）

ⓑ There's **a man** waiting to see you in the lobby.
（あなたを待っている男性がロビーにいますよ）

ⓒ Can I get **a fork** to eat this with?
（これを食べるフォークをもらえますか）

ⓓ She got **the news** that she passed the test.
（彼女は試験に合格したという知らせを受けた）

ⓔ That's **the man** who stole my bag! Stop him!
（あいつが私のバッグを盗んだのよ！ 止めて！）

学校文法では，こうした修飾表現をそれぞれ次のように解説しています。

ⓐ 前置詞句
ⓑ 現在分詞（の形容詞的用法）
ⓒ to不定詞の形容詞的用法
ⓓ 同格節
ⓔ 関係代名詞節

名前はいろいろですが，実は**これらはすべて「同じ意図に基づき，同じことをしている」**ことにお気づきでしょうか。それは――**「説明」**。

ⓐは，「お金は」と述べた後，それがどういったお金なのかを in my wallet と説明。ⓑでは，「男がいるよ」と述べた後，「あなたに会おうとロビーで待っている」と説明を加えています。ⓒの不定詞の形容詞的用法も同じです。「フォークをもらえますか」と述べてから，どういった目的で使うフォークなのかの説明が後続しているのです。ⓓ・ⓔも that，who 以降は「知らせ」「その男」の説明ですね。

ⓐ～ⓔは，**すべて「説明」という意図に基づき，「後ろに並べている」に過ぎません。**それぞれ異なった表現が使われているのは，状況に合わせて適切な説明が選ばれているから。ⓑは「今起こっている状況」で説明したいから動詞-ing形（現在分詞），ⓒなら「何に使うものか（目的）」を説明したいから to不定詞，といった具合に，です。

ここに挙げた修飾表現はすべて，次の「説明ルール」にまとめることができます。

説明ルール：説明のための修飾は後ろに置く

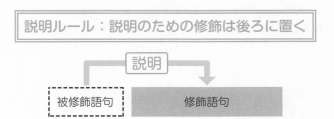

これが文法事項の「統合」です。このごく単純なルールなら，誰もが習得し簡単に文作りができます。会話に向けての臨戦態勢が整うのです。

③ リポート文も説明ルールの形

説明ルールは先の名詞修飾に限られません。英語では，どういった修飾でも――何を何が修飾するのであっても――説明のための修飾は後ろに置かれます。前章ですでに学習した「リポート文」も説明ルールの代表的な形です。

I think he's right. （私は彼が正しいと思います）
動　節

think（思う）の説明が he's right（彼は正しい）――「動詞句ー節」の間でも説明ルールが成り立っています。説明ルールは英語の修飾全体を覆う大原則なのです。

説明ルールをもう少しざっくばらんな日常的表現に置き換えれば，**「英語は大切なことが先。その説明は後回し」**ということになるでしょう。先の文では I think（私は思う）と文の最も大切な内容を述べ，その説明 he's right は後回しになっています。

④ ネイティブの英語

実は，ネイティブスピーカーたちの英語力の底には，私たちが学ぶような複雑でバラバラの文法知識ではなく，ごく単純な統合ルールがあります。「説明ルール」のように単純なルールなら，その習得はほぼ無意識のうちにできます。彼らにとっての「英語学習」は，新しく学んだ表現形式をこの単純なルールの下にぶらさげるだけ。だからこそ意識的に学んでいなくても彼らは英語が話せるのです。

みなさんも同じように英語を捉えてください。大切なのは「説明は後に置く」，それだけです。後ろに並べて説明するための表現形式はすぐに増えていきます――みなさんがすでにご存知のものが大半だからです。

❺ 弱点を克服し，ネイティブの英語に

説明ルールは私たち日本人が持つ，英語を話す上での致命的な弱点を克服することを可能にします。

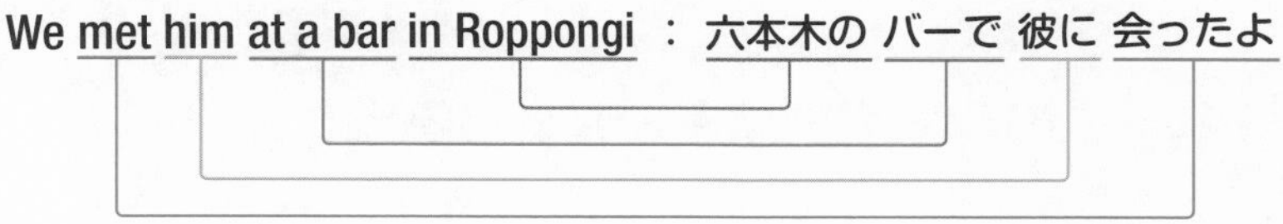

主語を除けば，英語と日本語の語順は完全に逆転します。語順は文を作り上げる基本感覚です。その感覚が極端に異なる――これが私たち日本人特有の, 致命的弱点なのです。表現を正しい語順に並べることができなくても, 英文解釈ならできます。しかし，満足に話すことは決してできません。

説明ルールはこの弱点を克服することを可能にします。上の文は説明ルールが身についていれば，苦もなく生み出すことができます。We met him が起こった場所の説明が at a bar，bar の説明が in Roppongi なのですから。(もちろん in Roppongi at a bar の語順はとれません。Roppongi を at a bar で説明することはできないからです)。

さあ，説明ルールで英語の語順感覚をしっかりと身につけましょう。この章を終える頃，みなさんの英語は格段にネイティブの英語に近づいているはずです。

文の説明①〈文＋説明（時・場所）〉

時・場所の説明

この配置の要点

My favorite gyoza shop opens at 11:30.
説明（時）

（僕の大好きなギョウザの店は 11：30 に開店します）

ⓐ 時表現は，状況（文）の直後に置かれます。それは状況や行為がいつ起こったのかを「説明」するのが時表現だからです。「説明ルール」が働いているのです。

ⓑ 場所表現も状況や行為の直後に置かれます。状況や行為の場所を「説明」するため。説明ルールの形です。

●説明の意識が大切。

「説明ルール」初回のこのレッスンでは比較的単純な文を取り上げていますが，「ただ言える」だけで決して満足しないでください。実際の会話で「時・場所」が文末で使われるときには，その状況の「時・場所を説明したい」という意図が生まれています。上の文では，

時を説明したい

My favorite gyoza shop opens __ at 11:30.

といった具合にです。しっかり説明の意識と共に「時・場所」を加えましょう。文を話しているネイティブと同じ意識で文を紡ぐこと，それが効果的な練習なのです。

音読 Say it out loud!

▼文（状況）を述べた後，「時」を説明する意識で時表現を続けてください。

1

We are getting together for drinks at 7:30.

（飲み会で7:30に集まることになっているのです）

☑ at 7:30 と前置詞 at が使われているのは at が「点」を表すため。時刻は「点」と感じられているのです。

2

The meeting starts at 10:15. Be on time.

（ミーティングは10:15に始まります。遅れないように）

☑ 未来の出来事なのに現在形なのは，確定した未来だからです。現在の事実と考えられるため現在形。on time は「時間通りに」。時刻との「接触」が on に感じられています。

3

His new book comes out on the 21st of September.

（彼の新刊は9月21日に出ますよ）

☑「確定未来」の現在形。時表現に on（〜の上）が使われているのは，時間幅のある「日」がステージのように感じられているため。日にちの言い方は「the＋序数」。

4

What? You have school on Christmas? No way.

（何だって？ クリスマスに学校があるのか？ まさか）

☑「クリスマス」には「日」が連想されるため on が使われます。No way. は「まさか，絶対ない」など，可能性の強い否定・強い拒否を表す表現。

5

Kevin and I? We broke up in 2017.

（ケビンと私？ 2017年に別れました）

☑ 月，年など日より大きな単位には in。その中にすっぽり入っている感じがするからです。

6

☐☐☐ **We dated for 8 months.**

（私たちは８ヶ月付き合った）

☑ for は「範囲」を表す前置詞。ここでは「期間」を表します。

7

☐☐☐ Get a move on! **We're leaving in ten minutes.**

（急いで！ 10分後に出発だよ）

☑ get a move on は「急ぐ」。まとめて覚えてください。「未来時を表す in」が使われています。in ten minutes は「10分後」という時点を表しています。「以内」ではありません。

8

☐☐☐ **You must hand in the report by the end of this month.**

（そのレポートを今月の月末までに提出しなくてはなりません）

☑ hand in ～ は「～を提出する」。by は「～までに」。「期限」を表す前置詞です。そのときまでに何かをしなければならないということ。

9

☐☐☐ **We stayed up until morning.**

（私たちは朝まで起きていた）

☑ stay up は「寝ないで起きている」。until も「まで」と訳されますが，by とは異なります。until は同じ状態が「～まで」続くということ。ここではずっと stay up した状態が朝まで続いていたことを表しています。

10

☐☐☐ **We got married in September last year.**

（私たちは去年の９月に結婚しました）

☑ 時表現が重なり長いフレーズを作っています。September について last year（去年の）がさらに説明を加えています。

音読 Say it out loud!

▼**文（状況）**を述べ，その「場所」を説明する意識で場所表現を置いてください。

11

I'll pick him up at the station.

（僕が彼を駅に迎えに行くよ）

☑ **I'll pick him up** の場所を **at the station** で説明しています。

12

We have a cabin in Aspen.

（私たちはアスペンに山小屋を持っています）

☑ **We have a cabin** の場所を **in Aspen** が説明しています。

13

I think it's rude to **carry fast food** on the bus.

（ファストフードをバスに持ち込むのは無作法だと思います）

☑ 電車やバスなどの交通機関は **on** が使われます。十分大きいため **in**（中）というよりは **on**（上）に乗っかっている感じがするためです。

14

I work at a shop in Sangenjaya.

（三軒茶屋の店で働いています）

☑ **work** は現在形。現在形は「広く・一般に成り立つ状況」を示す形。「（普段）働いています」ということです。**at** は「点」。「時点」だけでなく「地点」も表すことができます。

15

I buy my coffee at a café in Seattle.

（コーヒーはシアトルのカフェで買います）

☑ 場所表現を重ねています。**at a café**（カフェで）と述べた後，どこの **café** なのかを **in Seattle** と説明。この文の現在形も「広く成り立つ状況」，ここでは「習慣」を表しています。

16

My boyfriend lives in an apartment by the train tracks.

（私のボーイフレンドは線路脇のアパートに住んでいます）

☑ 場所表現がやはり重なっています。長い場所フレーズにしっかり慣れてください。**an apartment** を **by**（そば）以降のフレーズがさらに説明を加えています。

17

I bumped into Chris at the store yesterday.

（昨日その店でクリスとバッタリ会いました）

☑ 場所表現と時表現が混在しています。気軽にどちらも並べてください。場所→時の語順が比較的自然でしょう。

18

I saw my professor at a bar last weekend.

（先週末にバーで私の指導教授を見ました）

☑ こちらも混在。しっかり慣れていきましょう。

文の説明②〈文+説明(理由)〉

理由の説明

この配置の要点

説明

We can't hire you because you don't have a visa.

説明(理由)

(君はビザをもっていないから，雇うことはできない)

ⓐ「〜だから」といった理由の説明も基本は後ろ置きです。まず状況(文)を述べ，説明を後ろに展開します。

説明ルールは英語のリズム。

「説明ルール：説明は後ろ」は「時や場所の説明」といった，文内の小さな修飾語句だけにあてはまるわけではありません。「理由」といった，大きな要素もそれに従います。

みなさんは「英語では結論を先に書く(『A。というのは B，C，D』という論法です)」といったライティングの原則を聞いたことがあるでしょう。これも説明ルール。まず結論を述べ，そのあとゆっくり理由を述べていく――説明ルールは英語全体を支配するリズムなのです。

音読 Say it out loud!

▼説明の意識で，理由を後ろに置いていきます。

1

The trains stopped because of an accident.

（電車は事故が原因でとまった）

☑ 理由を「説明」する意識で並べます。because（～なので，～だから）は，後ろで節（主語―動詞のある文の形）となりますが，名詞で説明する場合には「because of＋名詞」となります。

2

I'll do this paperwork since you're too busy to do it.

（君が忙しくてできないだろうから私がこの書類の処理をしておきます）

☑ paperwork は「文書業務，書類仕事」。since は because よりも幾分キッチリとしたフォーマルな感触を漂わせています。

3

I love you because you treat me kindly.

（あなたが優しくしてくれるから大好きです）

☑ 理由を because で説明していく意識です。

4

She can't eat steak, as she's a vegetarian.

（彼女ステーキは食べられないんだよ，ベジタリアンだからね）

☑ as も理由を表すことができます。軽く添える感触で使われます。

CHAPTER 4
LESSON 29

動詞句の説明① 〈動詞句＋説明（やり方・程度）〉

方法・程度

この配置の要点

説明

Luna **smiles** happily when she sees me.

説明（やり方・程度）

（ルナは僕を見ると嬉しそうに笑います）

ⓐ この配置は「行為」の説明です。ある行為がどのように・どの程度行なわれたのかの説明は，行為を表す動詞句の直後に配置されます。この文ではsmilesの説明がhappilyで行なわれています。「笑う→嬉しそうに」の語順です。

● Think different.（人と違った考え方をしなさい）

コンピューターメーカーの宣伝で使われた有名な文ですが，なぜdifferentlyではなくdifferentなのでしょう。

もちろん文法的に「正しい」のは副詞のdifferently。think（動詞）を修飾するのは副詞ですから。でもdifferentだってOK。thinkの後ろに並べたら「説明ルール：説明は後ろ」から，その説明だとわかりますから。-lyを付けなくてもわかるなら短い方がクールでしょ？ ――それが，この文が宣伝で使われている理由なのです。

Say it out loud!

▼動詞句が表す行為を説明する意識で練習してください。

1

Bolt runs fast.

（ボルトは走るのが速い）

☑ どのように run（走る）のかを説明するため fast はその後ろに置きます。「走る→速く」の意識。（×）*Fast* Bolt runs. や（×）Bolt *fast* runs. では意味を成しません。説明の意識と語順を身につけてください。

2

Move quickly. Time is of the essence.

（すばやく行動して。時間がとても重要だよ）

☑ move の説明が quickly。この並びをしっかり意識して練習です。essence は「本質」。of the essence は「非常に重要な」。「of＋名詞」は説明のために使われるフレーズ。形容詞と同じ働きがあります。

3

He usually eats with a knife and fork.

（彼は普段はナイフとフォークで食事をします）

☑「習慣を表す現在形」が使われています。eat（食べる）する方法を with 以下で説明します。with は「道具」を表しています。

4

I recorded the whole thing with my smartphone.

（私はスマホですべてを録音しましたよ）

☑ whole は「全体の」。recorded the whole thing を with ～（～で）で説明しています。

5

You **give presentations** quite well.

（君はかなり上手くプレゼンしましたね）

☑ **give a presentation** で「プレゼンテーションをする」。どんな具合だったのかを **quite well** で説明。

6

Did you **come here** by train? How long did it take?

（君はここに電車で来たのですか？ どのくらいかかりましたか？）

☑ **by** は「手段」を表しています。**by train** は「電車で」。この場合の **train** は具体的なモノが意識されているわけではないため，不可算名詞扱いです。**a・the** などを付けないようにしましょう。**take** は「(時間を) 手に取って使う→かかる」ということ。

7

Do it as I told you.

（私が言ったとおりにやりなさい）

☑ **as** は「＝」を表しています。**as I told you** で「私が言ったのと同じように＝言ったとおりに」ということ。**do it** を説明しています。

8

He **makes cookies** the way his mother did.

（彼はクッキーを母親がやっていたように作ります）

☑ **the way** は「方法」。そのまま「やり方」を説明する副詞として使うことができます。よく使われるコンビネーションですよ。

9

You'll **do** great, I'm sure.

（君ならうまくやるさ，僕にはわかる）

☑ **greatly** などと副詞形にする必要はありません。**great** は，形容詞にも使われますが，**do** の後ろにあることから，**do** を説明する副詞だと紛れなく伝わるからです。

CHAPTER 4
LESSON 30

動詞句の説明②〈動詞句＋to不定詞〉

to不定詞で説明する

この配置の要点

She went to Seattle to meet a new client.

説明

説明（to不定詞）

（彼女は新しい顧客に会いにシアトルに行きました）

ⓐ to不定詞を動詞句の後ろに配置すれば，その説明となります。英語は配置のことば。場所が意味を担っているのです。to不定詞のイメージは矢印（➡）。to不定詞以下の内容を指す感触でつなげていきます。

●to不定詞が様々な意味で使われる理由。

一般に「to不定詞は，①目的，②感情の原因，③結果，④判断の根拠などを表す」とされていますが，注意が必要です。to不定詞は「to＋動詞原形」の単純な形。そうした複雑な意味･用法を「持っている」わけではないのです。動詞句の後ろに置かれたto不定詞が様々な意味を持つように「見える」のは，動詞句の説明だから。動詞句の内容によって異なった説明が求められるからです。上の文では went to Seattle の説明が to meet a new client。「シアトルに行きました」の説明には，「何のために行ったのか」とその「目的」が求められる，だから to不定詞が目的の意味で了解されるのです。

同じように am so glad（とても嬉しい）と動詞句が感情を表すならその「原因」を，grew up（育った）ならその「結果」何になったのかを，must have connections（コネを持っているにちがいない）と推察するならどうしてそんなことが言えるのか，その「判断の根拠」として了解されます。動詞句の後ろに置かれたto不定詞はその説明となる，みなさんはそれだけを意識すればいいのです。

音読 Say it out loud!

▼ to不定詞で**動詞句**を説明する意識が大切です。まずは「目的」を説明する文から。

1
Chris called to ask if you're coming.

(クリスは君が来るかどうか聞くために電話をかけてきました)

☑ **called** (電話をかけた) の目的を to不定詞が説明。**ask if 〜** はリポート文。**ask** (尋ねる) の内容を **if** 節が「君が来る予定かどうか」と説明しています。英語は右に説明を順に展開する言葉なのです。

2
I'm not here to chat.
Let's get down to business.

(私はおしゃべりするためにここに来たわけではありません。仕事を始めましょう)

☑ **to chat** は目的を表しています。**get down to business** は「仕事にとりかかる」。

3
We always fly economy class to save money.

(節約するために私たちはいつもエコノミークラスに乗っています)

☑ **fly economy (class)** は「エコノミークラスに乗る」。その目的を **to** 以下が展開しています。**save** は「(そのままいくと失われてしまうものを) 助ける」。「節約する, 救う」となります。

4
I came to deliver a message.

(私はメッセージを伝えにきました)

☑ **came** の説明が **to** 以下。**deliver** は「届ける」。

5
We switched to LED lights in order to conserve electricity.

(私たちは電気を大切に使うため LED ライトにかえた)

☑ to不定詞の代わりに **in order to** が使われています。to不定詞が何を説明するかは動詞句の内容に応じて様々です。「目的を表しているのです」をしっかり示すときに使われるのがこのフレーズ。

音読 Say it out loud!

▼次は「感情の原因」を説明する to不定詞を練習しましょう。

6

I'm so glad to finally see you in person.

（とうとうじかにお目にかかれて大変嬉しく思います）

☑ **am so glad**（大変嬉しい）の原因を to不定詞が説明しています。**in person** は「本人が直接」。**person** が不可算名詞（数えられない名詞）であることに注意。具体的な「人」ではなく「じかに」と「やり方」を意味しているからです。

7

I'm so sorry to hear that.

（それは大変お気の毒に）

☑ **am so sorry**（大変気の毒に思っている）の原因を to不定詞が説明しています。**to hear that** は「それを聞いて」。

8

I **was amazed** to hear you passed the interview.

（君が面接に合格したと聞いてとても驚きました）

☑ **was amazed**（とても驚いた）の原因を to不定詞が説明。

9

We **were pleased** to see the results. Sales this month are at their best.

（その結果を見て喜びました。今月の売り上げは最高です）

☑ **were pleased**（嬉しかった）の説明が to不定詞。**at their best** は「絶好調」。

音読 Say it out loud!

▼ to不定詞は「結果」を説明することもしばしばあります。

10

He grew up to be a father of five.

(彼は大きくなって5人の父親になった)

☑ grew up（育った）した結果，どうなったのかが to 以下で説明されています。

11

We returned home to find the front door open.

(家に帰ったら玄関が開いていた)

☑ returned home（家に帰った）した結果 to find ...（…であることを見つけた）という流れ。

12

I opened the fridge only to find it was empty.

(冷蔵庫を空けたが空だとわかっただけだった)

☑ only to は「〜しただけだった」。ガッカリ感を伴うフレーズです。... and found it was empty とつなげても意味は通じますが，only to find ... とつなげた方がドラマチックに響きます。

音読 Say it out loud!

▼ to不定詞は「判断の根拠」を説明することもしばしばあります。

13

You **were lucky** to survive the crash.

（その衝突事故で助かるなんて君はラッキーだったよ）

☑ 「判断の根拠」を説明する to不定詞。**were lucky**（ラッキーだった）と言う根拠が **to survive the crash**（その衝突事故で助かる）という意味関係。

14

She **must have connections** to get such a job.

（あんな仕事を手に入れるなんて彼女はコネを持っているにちがいない）

☑ **must have connections**（コネを持っているにちがいない）と判断した根拠が **to get such a job**。**such** は「そのような」。

15

I **was right** to choose you, Kevin.
Your talent is unsurpassed.

（ケビン，君を選んだ私は正しかったよ。君の才能は最高だ）

☑ **was right** と言える根拠が **to choose you**。**unsurpassed** は「比類のない，卓越した」。

音読 Say it out loud!

▼ to不定詞は「これから」指向の形容詞（可能性形容詞）とも良いコンビネーションを作ります。

16

We're all ready to call it a day.

（みんな仕事を終える準備はできているよ）

☑ **ready** は「準備ができている」という形容詞。「これから～する準備ができている」ということですから **to** がいいクミアワセとなります。**call it a day** は「仕事を終わりにする，打ち切る」。

17

I'm happy to show you around.

（喜んでこのあたりを案内しますよ）

☑ **happy** は「～して嬉しい」など「感情の原因」を表す to不定詞とも結び付きますが，「これから～することが嬉しい」と使われることも頻繁にあります。これはその例。**show ～ around** は「～にあたりを案内する」。

18

She is sure to succeed.

（彼女は必ず成功するよ）

☑ **sure** は「必ず（これから）～する」。to不定詞といい組み合わせですよ。

19

She is likely to be late.

（彼女は遅刻しそうだ）

☑ **likely** ～ は「～しそう」。やはり「これから」を感じさせる形容詞。**to** と良いコンビとなります。

STEP UP! 難易度を表す形容詞と「空所」 ADVANCED

〈クミアワセ〉

My father is hard to please □.

主語　〈空所〉

（父は喜ばせるのが難しい）

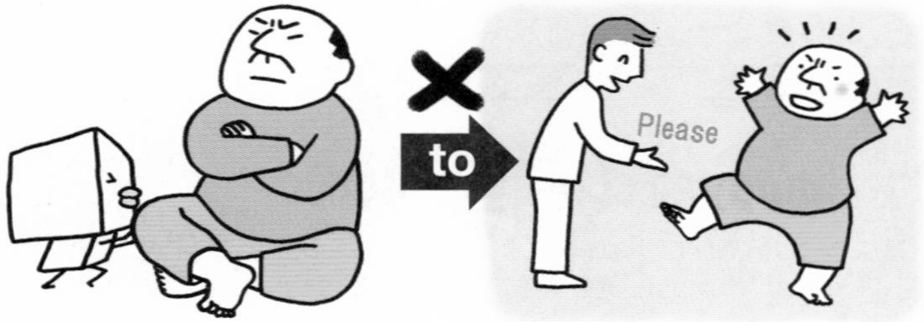

ⓐ「私の父は難しい」の説明が to please。ここまではこれまでと同じです。ですが，この文では please ～（～を喜ばせる）に目的語がなく「空所（＝本来あるべき要素が空になっている場所）」となっています。日本語訳を見てみましょう。喜ばせる対象は my father。この形で空所は常に主語と組み合わされるのです。

●空所。

英語の修飾で付きものなのがこの空所（□）。この後の関係詞節修飾（☞P.146 ～）でも大活躍しますよ。最初はとっつきが悪くても，空所を意識しながら音読を何度もすれば，すぐに慣れます。まずはこの形から。がんばって。

音読 Say it out loud!

▼ to不定詞内，目的語位置にある空所（例文の中に示しています）を意識しながら練習しましょう。

20

Takahiko is difficult to impress ＿.

（孝彦は感心させるのが難しい）

☑ impress（感動・感銘を与える）の目的語と主語が組み合わされることを意識。

21

Julie is tough to get along with ＿.

（ジュリーとは上手くやっていくのが難しい）

☑ 今度は前置詞 with の目的語と主語が組み合わされます。get along with ～ は「～とうまく・仲良くやっていく」。

22

The entrance is easy to miss ＿. It doesn't stand out.

（入り口は簡単に見落としてしまうよ。目立たないんだ）

☑ この位の文がすぐに作れれば，この形も卒業です。miss（見落とす）の目的語と主語が組み合わされます。stand out は「目立つ」。

23

His voice is impossible to ignore ＿.

（彼の声を無視することなんてできないよ）

☑ impossible は「不可能な」。ignore は「無視する」。

CHAPTER 4
LESSON 31

動詞句の説明③〈動詞句＋-ing形〉

-ing形で説明する

この配置の要点

ⓐ 動詞-ing形を動詞句の後ろに置けば，その説明となります。動詞-ing形のイメージは「生き生きとした躍動感」。動詞句内容を，それに伴って行なわれている動作・状況で説明します。この文は「写真を撮った——スマホを使いながら」。

説明
I took this photo
-ING
using my new smartphone.
説明（動詞-ing形）
（この写真は私の新しいスマホで撮りました）
説明

●英語は配置のことば。だからシンプル。

英語はとってもシンプル。同じ表現を，位置を変えながら使い回せるからです。動詞-ing形を主語に置けば主語として。目的語位置に置けば目的語として。動詞句の後ろに置けばその説明として。-ing形のイメージは保ったままどんどん使っていけるのです。

音読 Say it out loud!

▼**動詞句内容**を，それに伴って行なわれている動作・状況で説明しましょう。

1

She **spent all morning** sleeping?
Are you kidding me?

（彼女は午前中ずっと寝ていたんだって？ 冗談だろう？）

☑ **spent all morning**（午前中を費やした）。何をしながら費やしたのかを **sleeping** が説明しています。**spend** はこの形をとる代表的な動詞。

2

I worked all day making this soup, so eat up!

（このスープを作るのに一日がんばったの，だから全部飲むのよ！）

☑ **worked all day**（一日中働いた），何をしながらなのかを **making this soup** が説明。**eat up** は「すべて（残さず）食べる」。完全性を表す **up** が使われています。

3

I'm happy being with you.

（君といられて嬉しいよ）

☑ **happy** の理由を今起こっている状況で説明しています。

4

Are you **satisfied** working in an office?

（会社にこもって働いていて満足してる？）

☑ **satisfied**（満足して）の理由を現在の状況で説明しています。

名詞の説明①〈名詞＋前置詞句〉

名詞を前置詞句で説明する

この配置の要点

説明

See that photo on the wall?

説明（前置詞句）

I took it. （壁の写真見える？ 僕が撮ったんだよ）

See that photo
on the wall?

ⓐ 名詞の修飾も，後ろに置けば説明となります。話し手は that photo と言っただけでは足りないだろうと考え on the wall を説明として加えています——「壁の上にある，ね」。

●さあ，名詞の説明。

名詞の説明には，バリエーション豊かな表現が使われます。これから長い長い練習を開始しますが，ポイントはかんたん。「名詞の後ろに様々な表現を並べればいい」，それだけです。まずは前置詞句（前置詞を中心としたフレーズ）を名詞の後ろに置くところから始めましょう。がんばって。

音読 Say it out loud!

▼前置詞句のかたまりを後ろにポン！と置いて説明する意識で練習です。

1

He has **an office** on the top floor.

（彼は最上階のオフィスを持っている）

☑ **an office** だけでは言い足りない，だって「最上階」なんだもの。言い足りないから説明を加える，この意識に慣れていきましょう。

2

I own **a house** on the waterfront.

（海岸沿いの家を所有しています）

☑ **a house** の説明が **on the waterfront**（海岸沿いの土地・ウォーターフロントに）。

3

He lives in **a cabin** in the woods.

（彼は森の中の小屋に住んでいます）

☑ **a cabin**（〔山〕小屋）の説明が **in the woods**。

4

We stayed at **a campsite** in the mountains.

（私たちは山の中にあるキャンプ場に泊まりました）

☑ **in the mountains** は「山中の，山の中に」。

CHAPTER 4
LESSON 33

名詞の説明② 〈名詞＋動詞-ing形〉

名詞を -ing形で説明する

この配置の要点

説明

The woman wearing a kimono

説明（動詞-ing形）

is my grandmother.

（着物を着ている女性は私の祖母です）

ⓐ 動詞-ing形も名詞の後ろに置けば，その説明となります。the woman では特定できないだろうという気持ちが wearing a kimono（着物を着ている）という説明につながっています。

●どんどん使い回しましょう。

英語は配置のことば。動詞-ing形も，名詞の後ろに置けば名詞の説明となります。もちろん「生き生きとした躍動感」を伴った説明ですよ。英語のシンプルさを味わいながら，気軽に練習を進めましょう。

音読 Say it out loud!

▼動詞-ing形のパッケージ（～している）を後ろに置いて，**名詞**を説明します。

1

The woman living here is a famous actor.

（ここに住んでいる女性は有名な俳優です）

☑ the woman を living here で説明します。

2

The guy standing next to the tree is my father.

（木の横に立っている男の人は私の父です）

☑ the guy を standing 以下が説明。next to ～ は「～の隣」。

3

The women working here are engineers.

（ここで働いている女性はエンジニアなんですよ）

☑ the women を working here が説明。be動詞の後ろの engineer [èndʒəníər] が複数形なのは主語が複数であるため。「複数＝複数」の良いバランスですね。

4

There's **a guy** coming to inspect the fire alarms tomorrow.

（明日火災警報器を点検するために男の人が来るよ）

☑ ここまでできるようになれば大変な英語力です。a guy を coming 以下が説明。to inspect は「点検するために」。目的の to不定詞です。

CHAPTER 4
LESSON 34

名詞の説明③〈名詞＋過去分詞〉

名詞を過去分詞で説明する

この配置の要点

説明

The chickens raised at this farm are free-range.

〈名詞〉 説明（過去分詞）

（この飼育場で育てられたニワトリは放し飼いです）

ⓐ 過去分詞を名詞の後ろに置いて説明しましょう。the chickens を raised（育てられた）以下で説明する意識です。

☑ free-range（放し飼いの）

●どんどん・どんどん使い回しましょう。

「～される」を表す過去分詞形。学習初期の段階では使いづらい形ですが，臆せずに使ってください。名詞の後ろに置けば当然その説明となりますよ。ああ，シンプル。

音読 Say it out loud!

▼過去分詞のパッケージ（～される・されている）を後ろに置いて，**名詞**を説明しましょう。

1

The coffee served here is the best, bar none.

（ここで出されるコーヒーは，文句なく一番ですよ）

☑ **the coffee** を **served here** で説明。**serve** は「（食事や飲み物を）出す」。**bar none** [nʌ́n] は「断然，文句なく」。「最高」を強調する表現です。

2

The breakfast provided by the hotel is complimentary.

（ホテルの朝食は無料です）

☑ **the breakfast** を **provided by the hotel**（ホテルによって提供される）が説明。**complimentary** は「無料〔で提供される〕」ということ。外国旅行でよく目にする表現です。

3

The jeans made in this factory are sold at cost.

（この工場で作られているジーンズは原価で売られている）

☑ **the jeans** を **made in this factory**（この工場で作られた）が説明。**at cost** は「原価で」。

4

The lecturers selected for today are leaders in their field.

（今日のために選ばれた講師はそれぞれの分野で指導的立場にあります）

☑ **selected**（選ばれた）以下が **the lecturers** を説明。英語では説明はいつも後回しです。

CHAPTER 4
LESSON 35

名詞の説明④〈名詞＋to不定詞〉

名詞を to不定詞で説明する

この配置の要点

説明

I need **someone** to pick me up at the airport.

説明（to不定詞）

（空港に迎えに来てくれる人が必要です）

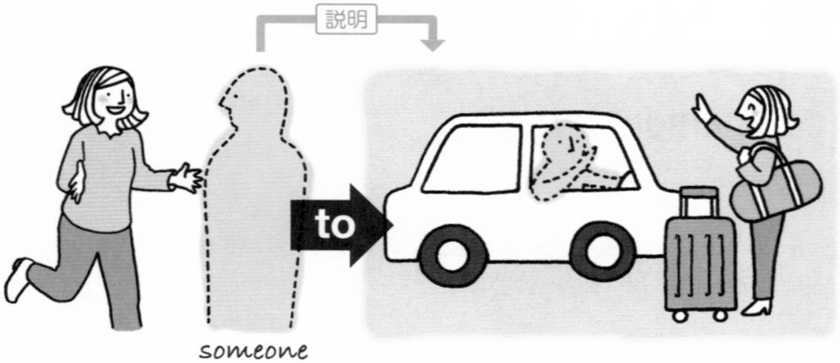

ⓐ to不定詞で名詞に説明を加えます。この文は「someone が迎えに来る」と名詞が to不定詞以下の主語の働きをしています。to のイメージ（矢印：➡）から「これから」もしばしば感じられます。

●英語の語順は日本語と逆になる。

日本語と英語の語順が全く異なることを，ここで改めて思い出しましょう。上の文では，日本語訳は「空港に迎えに来てくれる――誰か（人）」。でも英語は someone → to pick me up at the airport。英語を自分のものにするためにはこの違いを，必ず克服しなければなりません。

そのための唯一の方法は，「説明ルール」を意識し身につけること。I need someone ～（誰かが必要だ）と言い切ってから，どんな誰かをゆっくり to pick me up at the airport で説明する――英語固有のリズムを意識しながら，この文を何度も読んでみてください。

音読 Say it out loud!

▼ to不定詞を後ろに置いて，**名詞**を説明しましょう。

1

We have a lot of work to do □.

（私たちにはやるべき仕事がたくさんあります）

☑ do の後ろの目的語の位置が空所（□）であることに注意しましょう。名詞が to 以下の目的語の意味関係となる場合，こうした形となります。空所にすることによって do a lot of work という意味関係が了解されるのです。

2

Turn off the TV.
You have homework to finish □.

（テレビを消しなさい。宿題終わらせなくちゃいけないよ）

☑ homework を to finish（これから終えなくてはならない）で説明。目的語位置が空所となり，finish homework という意味関係が示されています。

3

Do you have someone to discuss this with □?

（このことについて話し合う人が誰かいますか？）

☑ with（～と）の後ろの空所と someone が組み合わされ「このことを一緒に話し合える誰か」。

4

I have a dog to keep me company.

（僕には一緒にいてくれる犬がいます）

☑ keep ～ company は「～と一緒にいる・付き合う」。「犬が一緒にいる」と，名詞が to 以下の主語となる意味関係です。

名詞の説明⑤〈wh語＋to不定詞〉

wh語を to不定詞で説明する

この配置の要点

説明

Tell me when to take a picture.

説明（to不定詞）

（いつ写真を撮ったらいいか教えてください）

ⓐ「wh語+to不定詞」は「いつ（何を・どこで）～するべきか」などを表す形。これも説明ルールの例です。Tell me when. では意味を成しません。どういった when（いつ）なのかを to 以下で説明します――「写真を撮るのはいつ」というわけですね。

●「これから」のニュアンス。

「wh語＋ to不定詞」には，to の持つ「これから」のニュアンスも色濃く感じられます。where to park は「（これから）どこに車を停めるべきか」といった具合ですよ。

音読 Say it out loud!

▼ wh語を to不定詞で説明していきましょう。

1

He isn't sure **what** to do. Can you help him?

(彼は何をしていいのかわからないんだ。助けてあげてくれる?)

☑ **what**(何)を **to do** で説明。「何をすればいいのか」。

2

Talk to Luna. She'll tell you **where** to park.

(ルナと話して。どこに車を停めるべきか教えてくれるから)

☑ **where**(どこ)を **to park** が説明。「どこに駐車するべきか」となります。

3

Could you tell me **which train** to take for Shinjuku?

(新宿に行くのにどの電車に乗るべきか教えていただけますか?)

☑ **which train**(どの電車)を **to take** 以下が説明。「どの電車に乗るべきか」ですね。

4

Can you teach me **how** to write a good resume?

(良い履歴書の書き方を教えてくれますか?)

☑ **how**(どのように)を **to write** 以下が説明。「どのように書くべきか=書く方法」となります。

CHAPTER 4
LESSON 37

名詞の説明⑥〈名詞＋名詞〉

名詞を名詞で説明する

この配置の要点

説明

Mr. Greene, the shop manager,

説明（名詞）

caught the shoplifter.

（店長のグリーン氏は，その万引き犯を捕まえた）

ⓐ 名詞を名詞で説明する，「同格」と呼ばれる形も「説明ルール：説明は後ろに置く」の典型例です。

● 説明を加えるのは何のため？

そろそろみなさん，徐々に説明ルールにも慣れて英語のリズムが身についてきたのではないでしょうか。

ここで1つお願いがあります。それは説明ルールの意識を感じながら練習していただきたいということ。例えば上の文で，なぜ Mr. Greene の後ろに the shop manager と加えているのでしょうか。もちろん「言い足りないから」です。「グリーンさん」だけでは不十分で，聞いている人には事情がよくわからないだろうから「店長のね」と加えているのです。「説明ルール」には常にこうした「説明したい」という意識が伴います。この意識と共に後ろに並べることができて初めて，説明ルールが身についたと言えるのです。

音読 Say it out loud!

▼名詞を名詞で説明していきましょう。

1

Maron, the family dog, protected the young boy.

（飼い犬のマロンは，その幼い男の子を守った）

☑ Maron の説明を the family dog が説明。相手がわからないだろうと思って付け加えています。後ろに置くだけで説明が成り立つ，それが英語の簡便さなのです。

2

Ms. Levine, the mother of the twins, called the police.

（その双子の母親のレビンさんは，警察を呼んだ）

☑ Ms. Levine の説明が the mother of the twins。説明の意識で後ろに並べます。

3

Denali, or formerly Mt. McKinley, is a famous mountain in Alaska.

（デナリ，以前の名前はマッキンリー山ですが，アラスカにある有名な山です）

☑ 言い換えでは or（もしくは）が用いられることもあります。後ろに並べる意識は変わりません。「A，もしくは B」と言い換えることは日本語でもありますね。

4

Kevin, that is, Ken's father, drove the car.

（ケビン，つまり，ケンの父親が，その車を運転していたんだよ）

☑ 言い換えでは that is（つまり）も多用されます。やはり並べる意識で作られている形ですよ。

CHAPTER 4
LESSON 38

名詞の説明⑦〈名詞+節〉

名詞を節で説明する（同格）

この配置の要点

説明

I heard the news that you're quitting.

説明（節）

（君が辞めるというニュースを聞いたよ）

ⓐ 名詞を節で説明する形（同格）です。ここでは the news（ニュース）の内容を that 以下の節で説明しています。

●豊かな情報を内包する名詞。

この形は news，rumor（噂），hunch（直感，予感）など，豊かな情報を内包する名詞を説明する典型的な形です。「～というニュース」「～という噂」など，日本語でもよく見られる言い回しです。節に付けられる that はやはり，しっかりと正確に「導く」意識で使われています。

音読 Say it out loud!

▼名詞を 節 で説明していきましょう。

1

I have **a feeling** that you're lying.
Tell the truth.

(君は嘘をついている気がする。本当のことを言えよ)

☑ **feeling** は「気持ち，気分，感情」。「そうした気がする」ということ。**that** で内容を展開します。**tell the truth**（本当のことを言う）はまとめて覚えます。

2

We've got **word** that class has been cancelled.

(休講になったという知らせを受けたよ)

☑ **word** は「知らせ，噂」などを表すこともできます。**that** 以下でその説明。

3

I have **a suspicion** that you're looking for a new job. Is that true?

(君が新しい仕事を探しているのではないかと思っているのだが。本当？)

☑ **have a suspicion** は「〜ではないか」と考えるということ。「疑い」ですね。その内容を **that** 以下で説明しています。

4

I get **the message** that you're not interested.
I'll leave you alone.

(君に興味がないのはよくわかった。放っておくよ)

☑ 「**message**（メッセージ）を受け取る」から「よくわかった」の使い方。日本語でもこうした使い方をしますね。**the message** を **that** 以下が説明。

名詞の説明⑧〈名詞＋説明〉
-one，-body，-thing で終わる名詞

この配置の要点

説明

We have never seen **someone** so talented.

（これほど才能のある人を見たことがない）

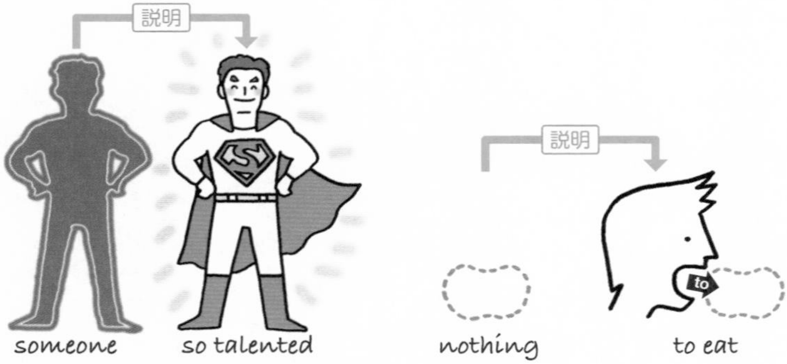

ⓐ someone（誰か），anybody（誰でも），nothing（何も～ない）など，-one，-body，-thing で終わる名詞には非常にしばしば説明が続きます。それはこうした語句が漠然とした意味しか持たないため。someone は「誰か」。意味があまりに薄いため，説明が求められるのです。

●語順の違い。

英語と日本語の語順感覚は余程違います。上の文では，最初に We have never seen someone ～（誰かを見たことがありません）と言い，someone を so talented（そんなに才能のある，ね）と説明。日本語では，「そんなに才能のある→人」と必ずなるところ。日本人にとって英語の語順は違和感のカタマリなのです。逆に言えば，違和感がなくなるところまで，音読・暗唱を進めることが本当に，本当に大切なのです。

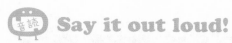

音読 Say it out loud!

▼ -one, -body, -thing をいろいろな要素で説明しましょう。

1

I haven't seen **anybody** matching that description.

(その特徴にあてはまる人は見たことがありませんね)

☑ not 〜 anybody は「誰も〜ない」。どういった anybody かを matching 以下が説明しています。description は「描写，説明」。

2

There's **nothing** to eat. Let's order takeout.

(何も食べる物がないな。テイクアウト頼もうよ)

☑ nothing を to不定詞 to eat が説明。to には「これから」が感じられています。「(これから) 食べるものがない」ということ。

3

There's **no one** I can trust.

(信じることのできる人が誰もいない)

☑ no one (誰も〜ない) を関係詞節 I can trust (私が信じることのできる) が説明。説明を行なうフレーズは様々ですが「説明しよう」という意識はすべての例に共通しています。

4

There was **something** fishy about her story.

(彼女の話には何か疑わしいところがあった)

☑ something (何か) を fishy (胡散臭い) で説明。about は「まわり」。彼女の story にまとわりついている感じがしています。

特別講義

wh修飾（関係詞節修飾）のメカニズム

▶ここから，しばらくwh修飾（関係代名詞・関係副詞を使った修飾）の練習に入ります。そのメカニズムを簡単に説明しておきましょう。複雑に見える形ですが，空所を意識すれば簡単に作れる形です。

◆ wh修飾は「空所」を含んだ節で名詞を説明する

wh修飾の形は基本的に，先に練習した「名詞＋節」と同じ，**名詞を節で説明する形**です。

ⓐ I heard **the news** that you're quitting. 【同格】
（君が辞めるというニュースを聞いたよ）

ただ，wh修飾は後続の節が空所（▪）を含んでいるという点が異なります。

クミアワセ

ⓑ This is **the boy** your son punched ▪. 【wh修飾】
〈空所〉
（この子があなたの息子さんが殴った男の子です）

the boy（修飾される名詞：「**先行詞**」と特に呼びます）と，your son punched ▪（あなたの息子さんが ▪を殴った）の空所が組み合わされて，「あなたの息子さんが殴った男の子」という修飾関係となるのです。基本はこれだけです。

◆ that や who（関係代名詞）が入るケース

the boy と your son の間に that や who（「**関係代名詞**」と呼ばれることもあります）を入れるケースもあります。

ⓒ **This is the boy that your son punched ⬚.**

この that は，リポート文の that と同じように，「導く」意識と共に使われます。the boy をその説明 your son punched に正確になめらかに導いているのです。that なしのⓑの文より**しっかりした印象**を与えます。

指定（人）

ⓓ **This is the boy who your son punched ⬚.**

予告（人）

who は疑問詞として使われれば「誰」。尋ねているのが「人」だと指定する単語です。

㈹ Who do you like?（あなたは誰が好きですか？）

wh修飾として使われても同じ。先行詞と組み合わされる空所が「人」であることを指定します。これは，空所と結び付けられる名詞が「人」であることを予告することにもなり，結果 **who を介して the boy と空所が疑問の余地なくガッチリと結び付けられることになります。**

先行詞と空所を厳密に結び付ける who を使った形は，フォーマル度が高い反面，日常会話ではⓑ－ⓒに比べ頻度は高くありません。気楽な会話では「ガッチリ厳密」はそれほど好まれないということでしょう。

who は人指定ですから，先行詞がモノ（人以外）である場合には使えないことも覚えておきましょう。

ⓔ × **This is the cat who my father likes.**

正しくは，This is the cat my father likes.
または This is the cat **that** my father likes. となります。

◆節内の主語の位置に空所があるケース

さて，the boy に続く節を少し変えて，今度は「主語」の位置に空所を置いてみましょう。

ⓕ **This is the boy** that/who ▢ **punched your son.**
（この子があなたのお子さんを殴った男の子です）

punched の主語の位置が空所であるため，節内は「▪があなたの息子さんを殴った」という意味になり，それと the boy が組み合わされて「あなたの息子さんを殴った男の子」となります。このように，節内の主語が空所である場合，

that や who が必ず使われます。それは，こうした単語がなければ，次のような文になってしまうからです。

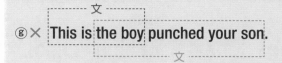

ⓖ× **This is the boy punched your son.**

（This is the boy ＝ 文，the boy punched your son ＝ 文）

この the boy を中心に２つの文が奇妙に混ざり合った文は，理解ができません。This is the boy と理解していたら，突然 punched ... と違う文が始まってしまうからです。

こうした形を避けるために，that/who を置き，the boy の修飾が始まることを明らかにしなくてはならないのです。

wh修飾には，そのほか which，whose，where，when，why を使ったものがありますが，基本はすべて同じ。空所と組み合わせることを理解すれば難なく作り出すことができるでしょう。

これで準備は万端です。ただ，語順にはこれまでどおり注意する必要があります。日本語は「あなたの息子さんが殴った**男の子**」と修飾が前，**名詞**が後ろに置かれますが，英語は「説明は後ろから（説明ルール）」「大切なことは先」のことば。まず the boy と大切なことを述べ，説明の your son punched は後回し。日本語の語順に引きずられていては実践でこの形を使うことはできません。

LESSON 40

LESSON 40 wh修飾①〈名詞＋節〉

「目的語」位置に空所

この配置の要点

〈クミアワセ〉　〈目的語〉

I married **a girl** I met ☐ in high school.

先行詞　説明（節）

（私は高校時代に出会った女の子と結婚しました）

ⓐ 節内の目的語位置に空所があるパターンから練習を始めます。まず主たる内容 a girl を述べ，そして空所のある節 I met ☐ in high school をその後に続けます。a girl と空所が意味的に組み合わされ，「私が高校で会った女の子」となります。

●先行詞を言い切って，説明を続ける意識。

wh修飾は最初のうちは複雑に感じるもの。でも大切なことは，大切な名詞（先行詞）をまず言い切って，説明を後回しにする意識です。その語順さえキチンとしていれば，that や who の使い方を多少間違えようが大丈夫。意味不明な文にはなりません。安心して実践で使ってみることが上達のコツですよ。がんばって。

音読 Say it out loud!

▼目的語位置の空所（□）に慣れていきます。まず**先行詞**を述べ，説明は後回しの意識を大切に。

1

That's her! That's **the woman** I saw □ in my dream!

（あれがその人なんだ！ あれは僕が夢で見た女性だよ！）

☑ I saw □ in my dream（私が夢で□を見た）と the woman が組み合わされ「夢で見た女性」。語順に注意して音読します。まず the woman，そして空所のある節で説明。

2

This picture was painted by **an artist** I know □.

（この絵は私の知っているアーティストが描いたものです）

☑ an artist を I know □ で説明。

3

Did you hear **the excuse** he gave □? Unbelievable.

（彼がした言い訳を聞いた？ 信じられないよ）

☑ the excuse を he gave で説明。give an excuse は「言い訳をする」。

4

I gave him **the information** he needed □.

（彼が必要としている情報を与えた）

☑ the information を he needed □ で説明。

5
□
□
□

Your first love is ***something*** **that you never forget □.**

（初恋は決して忘れないものですよ）

☑ that を使い正確に，なめらかに導いていきます。something（何か，～なもの［こと］）を that you never forget □で説明します。

6
□
□
□

He can provide ***the answers*** **that you seek □.**

（彼は君が求める答えを与えてくれますよ）

☑ こちらも that を用いてしっかりつないでいます。provide は「与える」。give が良いモノも悪いモノも「与える」ことができるのに対し，こちらは「必要とするものを与える」というニュアンス。

7
□
□
□

I need directions to the station.
Is there ***someone*** **who I can ask □?**

（駅までの道案内が必要なのです。誰か頼める人はいますか？）

☑ direction(s) は「指示，説明」。who を用いてガッチリと someone を説明しています。

NOTE

CHAPTER 4
LESSON 41

wh修飾②〈名詞＋節〉

「主語」位置に空所

この配置の要点

〈クミアワセ〉

Are these the boys that ［　］ **were harassing you?**

先行詞（the boys）　〈主語〉（空所）　説明（節）（that … were harassing you）

（この子たちが君に嫌がらせをしていた男の子ですか？）

ⓐ 主語位置に空所があるパターンです。the boys を説明する節の主語が空所であり，「君に嫌がらせをしていた男の子」と組み合わされます。

●主語位置に空所がある場合は。

that や who で必ず「ここからは修飾する節なんですよ」としっかり示してあげてくださいね。文が妙な形になってしまうから。who の方がカッチリした印象です。

音読 Say it out loud!

▼主語位置の空所に慣れていきましょう。「まず**先行詞**，説明は後回し」の意識は同じですよ。

1

My sister lives in **a house** that ☐ has a three-car garage.

（私の妹は車が3台入るガレージがある家に住んでいます）

☑ a house を主語位置に空所がある節で説明します。three-car と car が複数形になっていないことに注意。形容詞的に働く場合，数値が含まれていても複数形にはなりません。a four-year-old daughter（4歳の娘）などと同じです。

2

I give you my word, and I'm **a person** that ☐ never breaks their word.

（約束します，そして私は決して約束をたがえない人間です）

☑ give you my word は promise より一段とシリアスな「約束する」。a person を that 節で説明していきます。ここで that は必須。省略してはいけません。a person（人）を their で受けていることに注意しましょう。person には性別がありません。his と受けるのに抵抗がある場合 his or her とすることも可能ですが，煩雑さを厭い their とすることもあります。

3

He's **a guy** that ☐'ll never bore you.

（彼は君を決して退屈させない男だよ）

☑ a guy を that でしっかりつなげています。that'll となっていることに注意。空所があっても短縮は行なわれます。

4

Marie Curie's **the woman** who ⬚ discovered radium.

（マリー・キュリーはラジウムを発見した女性です）

☑ **the woman** と述べてから **who** でガッチリつなげていきます。

5

Hey, that's **the woman** who ⬚ used to babysit me as a kid. Let's say hello!

（ねぇ，あれが僕が子供の頃子守してくれた人なんだ。挨拶しようよ！）

☑ **the woman** を **who** でしっかりとその説明につなげます。**used to** ～ は「～したものだった」。**as a kid** は「子供の頃」。**as** は「＝」を表し **as a teenager**（十代だった頃）など人生のある時期を表すときによく使われます。

6

Ask around. I'm sure there's **someone** who ⬚ knows the answer.

（聞いて回ってごらんよ。その答えを知っている人がきっといるはずだよ）

☑ **there's someone**（誰かがいる）と述べた後，どういった「誰か」なのかを **who** 以下で説明しています。

NOTE

CHAPTER 4
LESSON 42 wh修飾③〈名詞＋節〉
「前置詞の目的語」の位置に空所

この配置の要点

Hey, isn't that

〈クミアワセ〉

the book you were looking for [ ] ?

先行詞　説明（節）　〈目的語〉

（ねぇ，あれはあなたが探していた本じゃない?）

ⓐ 前置詞の目的語位置に空所があるパターン。慣れが必要な形なので少しだけ練習しておきましょう。この文で，look for は「探す」。先行詞とその後ろの空所が結び付き「あなたが探していた本」となります。

●最後の前置詞を落とさない。

前置詞の目的語に空所があるパターンだけでレッスンを作ったのは，意外に前置詞を落としてしまう人が多いため。前置詞もしっかり意味を担っていますよ。落とさないように最後まで。しっかり。

音読 Say it out loud!

▼前置詞の後ろに空所を置いてみましょう。

1

She's **a partner** that you can depend on ☐.

(彼女は君が頼りにすることのできるパートナーだよ)

☑ **depend on** ☐ は「〜に頼る」。先行詞と結び付き「頼りにできるパートナー」。

2

I found **the video** you were talking about ☐.
It was pretty funny.

(君が話していたビデオを見つけたよ。かなりおかしかった)

☑ **talk about** ☐ は「〜について話す」。「話していたビデオ」となります。

3

Jessica knows **the man** you're looking for ☐.
Ask her.

(ジェシカは君が探している男を知っているよ。彼女に聞いてごらん)

☑ **look for** の後ろに☐。

4

I attached **the document** I was referring to ☐
earlier. Please read it.

(以前言及していた書類を添付しました。お読みください)

☑ **refer to** ☐ は「〜に言及する・ふれる」。

wh修飾④〈名詞＋wh修飾〉

whose を使った wh修飾

この配置の要点

〈クミアワセ〉

I know a guy whose ☐ shoes are size 15.

先行詞　説明（節）　〈空所（所有格：～の）〉

（僕は靴が15サイズの男を知っているよ）

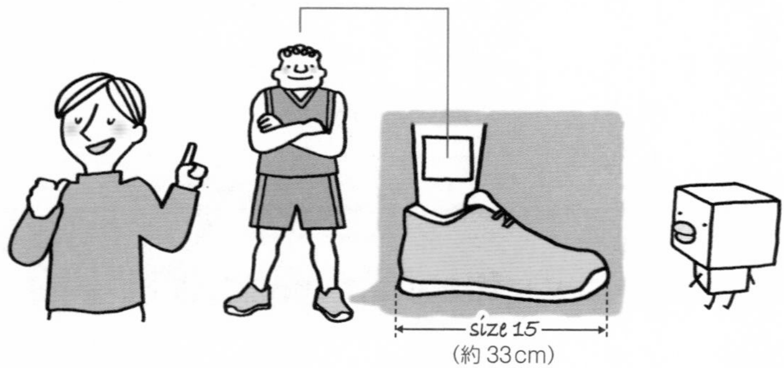

ⓐ wh語whose を用いた wh修飾です。whose は所有（～の）を表す wh語。wh修飾では後続する名詞の所有格が空所であることを指定します。my shoes，his shoes などの所有格部分が空所となっているということ。この文では，☐ shoes（～の靴）と先行詞が組み合わされ「その男の靴（が15サイズ）」となっているのです。

● whose の存在意義。

whose を使った wh修飾の頻度はあまり高くありませんが，依然として貴重な形です。「誰か・何かをその所有するモノで説明する」，そうした場合は whose の独擅場です。しっかりと口慣らしをしてくださいね。

音読 Say it out loud!

▼**誰か・何か**をその所有するモノで説明する意識で作っていきます。

1

I have a classmate whose ☐ father is a politician.

（私はお父さんが政治家のクラスメートを持っています）

☑ **a classmate** をそのお父さんで説明していく意識で作ります。**a classmate** と ☐ **father**（〜のお父さん）が組み合わされます。

2

I have a friend whose ☐ parrot can talk.

（私には飼っているオウムが話をする友達がいます）

☑ **a friend** を飼っているオウムで説明していきましょう。**a friend** と ☐ **parrot** を組み合わせます。

3

I stayed at a hotel whose ☐ rooms are so small.

（私が泊まったホテルは部屋が小さすぎる）

☑ **whose** は先行詞がモノであっても使うことができます。**a hotel** をその部屋で説明していきましょう。

4

I apologized to the man whose ☐ window I broke.

（私が窓を割ってしまった人に謝った）

☑ 語順に注意してください。「**whose**＋名詞」は常に先行詞の直後に置かれます。**the man** を **whose** で受けるだけなら，(×) **... the man I broke** whose window となりますが，これは不可。先行詞 **the man** のすぐ後ろに **the man** whose window **I broke** ☐ と前に置きます。何度か読めば慣れてきますよ。

LESSON 44 wh修飾⑤〈名詞＋wh修飾〉

where，when，why を使った wh修飾

この配置の要点

〈クミアワセ〉

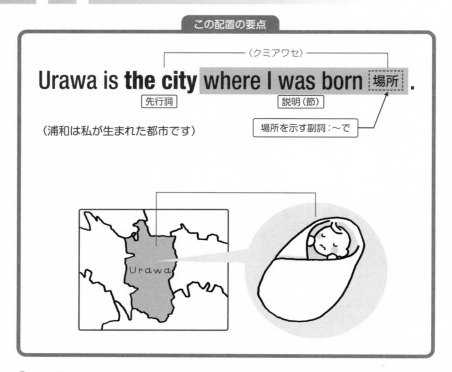

Urawa is **the city** where I was born 場所 .

先行詞　説明（節）

場所を示す副詞：〜で

（浦和は私が生まれた都市です）

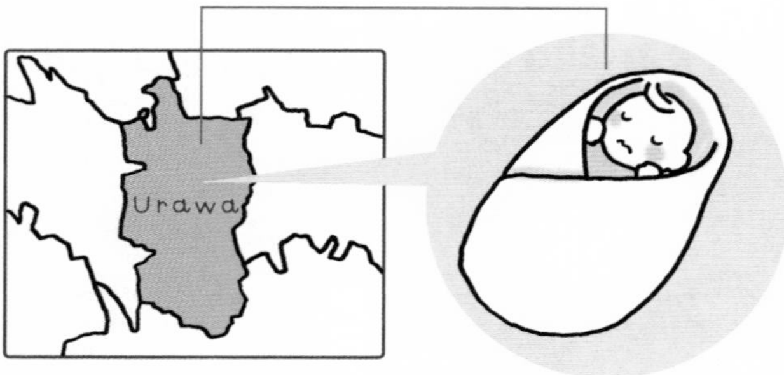

ⓐ wh語when，where，why を用いた wh修飾を練習します。この wh修飾では先行詞が節内で「副詞（名詞以外を修飾する語句）」の働きをします（そのため「関係副詞」とも呼ばれます）。

ⓑ where は「場所」を尋ねる wh語。今までと同じように先行詞は節内の空所と組み合わされます。節中で the city は I was born **in the city**.（その都市で生まれた）と「場所を示す副詞」の働きを持っていることを意識してください。

ⓒ 各文の基本を理解した後は，「場所表現＋where 節」「時表現＋when 節」「理由＋why 節」と簡単に考えて使いこなしてください。

音読 Say it out loud!

▼ where, when, why では，**先行詞**が副詞の働きをしていることを意識しましょう。

1

Can you still remember **the place** where we first met 場所?

（私たちが最初に出会った場所をまだ思い出せますか？）

☑ the place を where 節で説明する意識。the place は節の中で「その場所で初めて会った」と場所を示す副詞の働きをしています。

2

This is **the room** where I sit 場所 when I need to gather my thoughts.

（これが私が考えをまとめたいときに座る〔座って考える〕部屋なんですよ）

☑ gather は「集める，まとめる」。gather my thoughts で「考えをまとめる」となります。the room を where 節で説明。節内では「私はその部屋で座る」と the room は副詞の働き。

3

Winter is **the season** when I gain weight the most 時.

（冬は私が最も太る季節だ）

☑ the season を when 以下が説明。節の中で「私はその季節に最も太る」と，the season は時を示す副詞の働きをしています。gain weight（体重が増える）はまとめて覚えましょう。gain（手に入れる）は，何かをポンと手に入れるわけではなくジワジワとその領域を増やしていく感触のする動詞です。

4

Remember **the time** when you forgot your phone on the train 時?

（君が電車で電話をなくしたときのこと覚えている？）

☑ the time（そのとき）を when 節が説明。やはり「そのときに電車で電話を忘れた」と副詞の働き。もう慣れてきましたね。

5

☐ ☐ ☐

Explain to me **the reason** why you deserve a raise 理由 .

（君が昇給に値する理由を説明してくれないか）

☑ **the reason**（理由）を **why** 節で説明します。後ろの節で **the reason** は「その理由で昇給に値する」と理由を表す副詞の働きをしています。**deserve** は「～に値する・ふさわしい」。「優勝に値する」「罰を受けるのに値する」など，いい意味でも悪い意味でも使います。

6

☐ ☐ ☐

Show me **the evidence** why you are innocent 理由 .

（君が無罪である証拠を見せなさい）

☑ **the evidence** は後続の節の中で「その証拠によって無罪」といった理由を表すフレーズとして働いています。

NOTE

特別コラム

私たちの英会話は ここから始まります①

みなさん，語順学習は順調に進んでいますか？ 日本語と英語の大きな差に最初は面食らうかもしれませんが，その違和感こそ「文法はできる・読解もできる」私たち日本人が英会話を苦手としてきた理由です。

表現をいくら覚えても，その配列の仕方がわからなければ文を作ることはできません。語順は，異なる表現配列を持つ日本語を使う私たちにとっては必須の学習項目ですが，これまでの英語学習では一貫して等閑にされてきました。

私たちが中学校で学んだ標準的な文法説明を眺めてみましょう。語順に関する箇所だけを取り上げます。

■「think＋that節」の形

I think (that) he is kind.

（彼は親切だと思います）

① think＋that節は「～だと思う」という意味。
② that は接続詞であり「～ということ」と訳す。省略可能。

■関係代名詞 who

I have a friend **who** wants to be an astronaut.

（私には宇宙飛行士になりたい友人がいます）

① 関係代名詞で始まる節は先行詞を修飾する。
② 節→先行詞の順に訳す（節は後ろから修飾する）。

日本語訳の偏重と語順無視があきらかに読み取れるでしょう。日本語訳の解説だけでは語順は逆転し，英文を「左→右」へ語順どおり生み出すことは難しくなります。

日本人が「文法はできる・読解もできる」が「会話はできない」のは，（しばしば取り沙汰される）文化の違いなどといった込み入った事情によるものではありません。会話に必須の語順トレーニングをしてこなかった・日本人固有の弱点を補強しなかった――ただ，それだけの理由なのです。

おつかれさまでした。これで説明ルールが使われる重要なコンビネーションはすべて説明が終わりました。英語は「後ろに置けば説明」のことば。大切なことをまず言う・説明は後回し——そうした英語のリズムを意識しながら何度も繰り返し音読してください。この並びには特に慣れが必要です。

CHAPTER 5

修飾配列②
指定ルール

LESSON 45—53

英語では後ろに置けば「説明」となりました。ここで学ぶもう一つの位置は「前」。前に置けば後続を「指定」する表現となります。

音声再生

❶ 前に置けば後続を「指定」する。

みなさんは，すでに語順学習最大のハードルを乗り越えました。説明ルール（説明は後ろに置く）こそ，日本語と大きく異なる英語語順の特徴だったのです。ここからは一気に最後まで。次にご紹介するのは「指定ルール」。

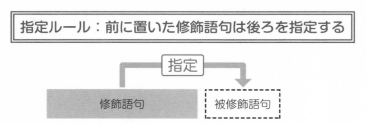

指定ルール：前に置いた修飾語句は後ろを指定する

具体的に説明していきましょう。大変簡単なルールですが，英語の語順を貫く大原則です。

❷ なぜ tall very とは言えないか？

次の文では very tall となっていますが，なぜ逆の語順 tall very（×）とは言えないのでしょうか。

指定

ⓐ **Ken is very tall.**

（ケンはとても背が高い）

それは，英語では指定する語句は前に置くからです。very tall は単に tall ではなく「非常に」tall なのだということ。very は tall の「レベルを指定」しています。

ほかの程度を表す表現もすべて同じ前置きとなります。

ⓑ **The movie was so/really/quite/extremely good.** 指定

（その映画は，すごく／本当に／かなり／極めて 良かった）

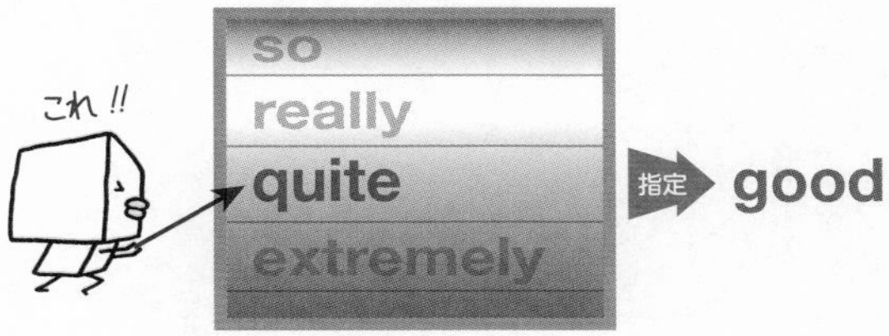

「前に置かれた修飾語句は後ろを指定」――指定ルールがあてはまるのは程度表現（副詞）だけではありません。形容詞 strict（厳しい）の使い方の違いを考えてみましょう。

ⓒ **My teacher is strict.**

（私の先生は厳しい）

ⓓ **He is a strict teacher.**

（彼は厳しい先生です）

同じ単語でも，その働きは大きく異なります。ⓒの strict は「説明」の位置にあり「私の先生＝厳しい」ですが，ⓓは「**厳しい**先生」――単なる「先生」ではなく，そうした種類の先生なのだと指定しているのです。

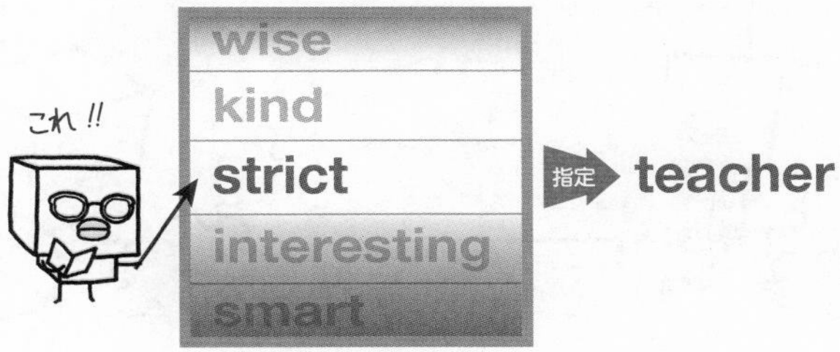

5 ▼修飾配列②指定ルール

ここまでは，全く問題なく受け入れやすい話だと思います。というのも，ここまでの語順は日本語と大差がないからです。

でも，次はどうでしょう。

❸ not の位置

次の文を見てみましょう。

ⓐ **Ken doesn't like cats.**
（ケンはネコが好きではない）

日本語の否定「～ない」は文末に置かれる一方，英語の not は動詞の前。全く位置が異なります。英語では，なぜ not は動詞の前に置かれるのでしょうか。もちろん「指定ルール」が働いているのです。

指定

ⓑ **Ken doesn't like cats.**

not は文中の要素を否定の意味に指定する働きを持つ単語です。そのため**常に否定したい要素の前に**置かれます。この場合は，like cats を否定するためその前ということになります。

④ 助動詞の位置

英語では，助動詞も前置きとなります。まずは，助動詞の位置を確認しましょう。

ⓐ **My new boss may be selfish.**

（私の新しいボスは自分勝手な人かもしれない）

助動詞は日本語では文末に置かれますが，英語では動詞の前。助動詞は指定要素だからです。例えば may（かもしれない）は動詞以降の内容を推量の中での話であることを指定します。「指定は前置き」の指定ルールが働いているのです。

指定ルールは説明ルールと双璧をなす，英語の語順を決める非常に一般的な語順ルールです。「指定は前に置く」――ルール自体はそれほど複雑ではありませんが，それを自分のものとし自然に感じるためには，音読による練習が必要です。英語の語順通り「否定」を前に置く，「かもしれない」を前に置く。それが自然に・反射的にできるかどうか。この練習はみなさんの英語力向上に大変大きな意味があります。

さあ，がんばっていきましょう。

LESSON 45

CHAPTER 5
LESSON 45

形容詞修飾〈形容詞＋名詞〉

形容詞で名詞を指定する

この配置の要点

指定

I usually don't eat spicy food.

形容詞　名詞

（私は普段スパイシーな食べ物を食べません）

ⓐ 指定ルールのレッスンを開始しましょう。まずは形容詞と名詞のコンビネーションです。

●「指定ルール」をしっかり意識。

「形容詞＋名詞」のコンビネーションは，最も単純な指定ルールの例です。でも油断は禁物。なぜ形容詞が名詞の前に置かれているのか，意識しながら練習することが大切です。

上の例で spicy（スパイシーな，辛い）は food（食べ物）の種類を指定しています。ただの「食べ物」ではなく「辛い食べ物なのだ」と言っているのです。

音読 Say it out loud!

▼**形容詞**で**名詞**を指定します。

1

This is fantastic soup!

（これはすばらしいスープですね！）

☑ 単なるスープではなく「すばらしいスープ」とその種類を指定しています。

2

Bring me a red tie.

（赤いネクタイを持ってきてくれないか）

☑ 青でも白でもなく，「赤いネクタイ」と種類を指定しています。

3

Act quickly! This is a limited-time offer.

（急いでください！ 期間限定の販売となります）

☑ 形容詞は２語以上重なって使われることがありますが，２語以上でも「指定」の場合は前に置きます。単なる **offer**（販売，提供）ではなく「期間限定の販売」と種類を指定しているため **limited-time** は前置きです。

4

My little brother wears hand-me-down clothes.

（僕の弟はお下がりの服を着ています）

☑ **hand-me-down** は「お下がりの」。指定の意味で使われているため前置きとなります。

CHAPTER 5
LESSON 46 程度を表す表現〈副詞＋形容詞／副詞〉

この配置の要点

His cooking was **unbelievably** **good.**

（指定：unbelievably → good ／ unbelievably＝程度を表す副詞）

（彼の料理は信じられないくらい良かった）

ⓐ 程度を表す副詞も指定ルールに従い前置きです。単に good ではなく「信じられないくらい良い」とレベル指定を行なっています。

強 ↑ 程度 ↓ 弱

- ◀**too**（過度に，～すぎる）
- ◀**absolutely**（完全に，絶対的に）
- ◀**extremely**（極めて）
- ◀**really**（本当に，全く）
- ◀**very/so**（非常に，とても）
- ◀**quite/rather**（かなり，相当に）
- ◀**pretty**（かなり，相当）
- ◀**a little**（少し）
- ◀**barely**（かろうじて）
- ◀**hardly/scarcely**（ほとんど～ない）

音読 Say it out loud!

▼程度副詞でレベルを指定しましょう。

1

You ski very well. When did you learn?

(君はとても上手にスキーをしますね。いつ学んだのですか？)

☑ **well**（上手に）のレベルを **very** が指定しています。

2

She ate her sandwich blindingly fast.

(彼女はサンドイッチを目もくらむほどの速さで食べた)

☑ ユーモラスな強調です。動詞 **blind**（目をくらます）から **blinding**（目がくらむような）と形容詞となり，**-ly** を付けて副詞になっています。それぐらいのレベルの速さで，という指定。

3

Your English is surprisingly good.

(君の英語は驚くほどすばらしいですね)

☑ **surprise**（驚かせる）→ **surprising**（驚かせるような），そこから **-ly** で副詞です。それほど良いというレベル指定。

4

Tomorrow will be extremely cold. Be careful.

(あしたはものすごく寒くなるよ。気をつけて)

☑ **extremely** は「極めて，極端に」。**cold** のレベル指定を行なっています。

LESSON 47 頻度を表す表現〈副詞＋動詞句〉

この配置の要点

指定

We often have lunch at this restaurant.

頻度を表す副詞

（私たちはしばしばこのレストランでランチを食べます）

ⓐ 頻度を表す副詞は動詞の前が標準の位置。それは動詞以降が表す内容の頻度レベルを指定するからです。often は単に「このレストランでランチを食べます」ではなく，「しばしばレベルで…食べます」と指定しているのです。

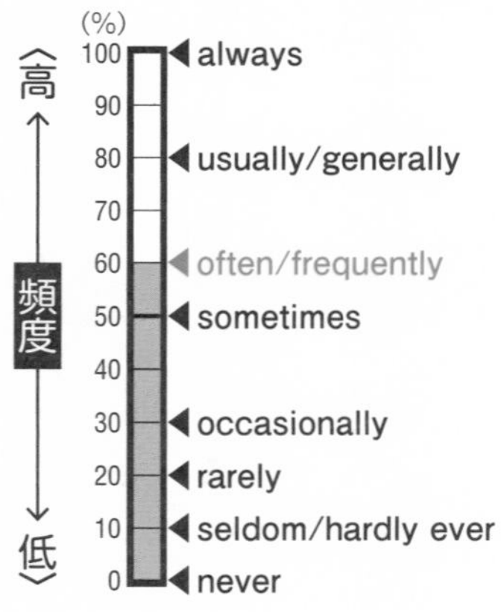

音読 Say it out loud!

▼頻度レベルの指定をしましょう。

1

You never buy me flowers!

（あなたは私に決して花を買ってくれないわね！）

☑ **never** は「決して〜ない」。**buy me flowers** の頻度レベルを0にしています。

2

You hardly ever make time for your kids.

（あなたは滅多に子供のために時間を作っていませんね）

☑ **hardly ever** は「ほとんど・滅多に〜しない」。ほとんど1語のように感じられています。動詞以降の頻度レベルを指定する意識で練習しましょう。

3

I usually get up around seven.

（普段はだいたい7時に起きる）

☑ **usually**（普段）レベルで **get up ...** するということ。

4

I am always here for you, no matter what.

（僕はいつでも君の味方だよ，何があろうとね）

☑ **I am here for you** は「あなたのためにここにいる＝あなたを支える・あなたの味方」というフレーズ。**always** で頻度レベルを指定。be動詞文では頻度副詞は「be動詞の後ろ」。be動詞は極端に意味が薄いから。「常に」とレベル指定したい **here for you** の前に直接置きます。

CHAPTER 5

LESSON 48 確信の度合いを表す表現〈副詞＋動詞句/文〉

この配置の要点

指定

We will definitely make it on time.

確信の度合いを表す副詞

（私たちは絶対に間に合いますよ）

ⓐ 確信の度合いを表す副詞は動詞の前に置かれます。動詞以降の内容がどの程度の確かさで起こるのかをレベル指定するため。この文では「私たちは絶対に間に合います」と「間に合う」のレベルを指定しています。

ⓑ こうした語は文頭に置くこともできます。その場合，「絶対に，私たちは間に合う」と文全体のレベルを指定することになります。

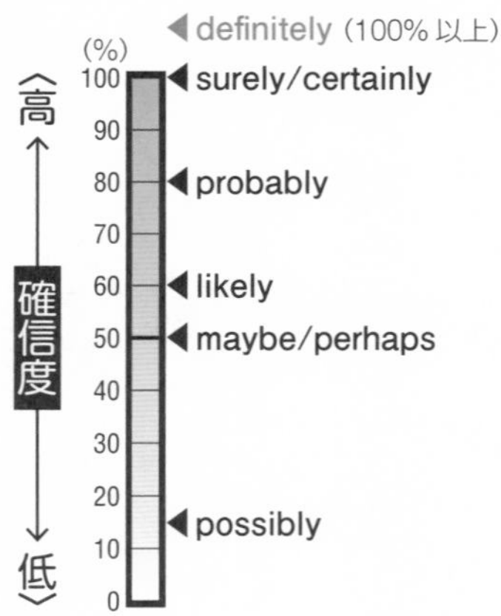

音読 Say it out loud!

▼確信のレベルを指定しましょう。

1

Maybe he'll come to the meeting.

（おそらく彼はミーティングに来るんじゃないかな）

☑ **maybe** は文頭で使われることが多い表現。50％程度の可能性を見ています。そうなるかもしれないし，そうならないかもしれません。

2

You'll **probably need to work overtime** today.

（君は今日おそらく残業する必要がありますよ）

☑ **probably** は「おそらく」。80％程度の高い可能性を見ています。**need to** は頻度の高いコンビネーション。「これから〜する必要がある」であるため to不定詞が用いられます。

3

I'll **surely be late.** The trains are stopped.

（きっと遅れます。電車が止まっているから）

☑ **surely** は「きっと」という意味の副詞。この文には助動詞 **will** が含まれています。助動詞を含む場合，語順は be動詞を含め「助動詞 副詞 動詞 〜」が標準です。

4

This was **possibly my worst performance ever.**

（これはひょっとすると今までで最悪の出来かもしれない）

☑ **possibly** は「ことによると，ひょっとすると」。**maybe** より低い可能性。**my worst performance ever** では最上級と **ever** のコンビネーションが使われています。「今までで最も」ということ。**ever** は「いつの時点をとっても」。

LESSON 49 not ①

文全体を否定する

この配置の要点

We don't accept credit cards.

指定 / not

（クレジットカードは使えません）

ⓐ 文全体を否定したいなら，動詞の前に not を置き，それ以降が否定されていることを指定します。何より大切なのは──語順通り──動詞の前に「～ない」を意識することです。上の文では「私たちは→しません→クレジットカードを受け取る」の順です。

ⓑ 助動詞がある場合 can't など助動詞に not を加えます。助動詞がないときには do を補って don't(doesn't，didn't) となります。

ⓒ be動詞の文では, He isn't tall. など, be動詞の後ろに not を置きます。be動詞には意味はないため，否定する実質的な意味を持った語（この場合 tall）の前に置くのです。

●語順を定着させるために ～主語ー否定～

「～ではない」を動詞の前に意識するのは，思いのほか大変です。十分口慣らしをしてください。例文暗唱の際，主語ー否定のコンビネーションを何度か繰り返してみましょう。

We don't, We don't,... → We don't accept credit cards.
（フレーズを繰り返す）

また don't の位置でクビを横に振るのも効果的です。そこで否定の意識が生まれていることが体で理解できるからです。

音読 Say it out loud!

▼語順どおり not を意識しながら練習です。

1

He doesn't want to start a long-distance relationship.

（彼は遠距離恋愛を始めたがらないのです）

☑ **He doesn't ...** とすぐに否定を意識できるかがポイントです。**not** を使ったら後は何がそうでないのかを述べるだけ。**long-distance relationship**（遠距離恋愛）は覚えておきましょう。

2

I don't date coworkers.
It's my personal policy.

（同僚とは付き合わないんです。個人的なポリシーなのですが）

☑ **I don't ...** と言えるかどうかがポイント。**coworker** は「同僚，仕事仲間」。

3

Oh, hello there! Sorry, I didn't see you.

（ああ，こんにちは！ ごめん，君に気がつきませんでした）

☑「そうではなかった」と思ったらすぐに **I didn't** で始めればいいのです。

4

That isn't my responsibility.
Do it yourself.

（それは私の責任ではありません。自分でやってください）

☑ be動詞文では be動詞の後ろに **not**。

5

You're not a child. Stop acting like one.

(君は子供じゃない。子供のように振る舞うのをやめなさい)

☑ be動詞文の否定です。**are** の後ろに **not**。**stop** は目的語に動詞-**ing**形をとりました。**one** は同じことばの繰り返しを避ける代名詞。ここでは **child** の代わりに使われています。

6

My apologies, we aren't open yet.

(申し訳ありません，まだ開店していないのです)

☑ ここの **open** は形容詞（開いている）。**My apologies.** は全体を覚えましょう。「すみません」ということ。

7

You can't eat pork? Is it because of your religion?

(豚肉が食べられないのですか？ それは宗教上の理由ですか？)

☑ 助動詞がある場合には「助動詞＋**not**」でした。「**because of**＋名詞（〜という理由で）」に注意。

NOTE

特別コラム

私たちの英会話は ここから始まります②

私たちは語順を学んでこなかった。それが私たちの英会話能力に大きな影を落としています。語順無視の実例をもうひとつ取り上げましょう。

否定文の作り方

一般動詞の文の否定文は，元の肯定文から，
❶ **do**（三人称・単数主語の場合は **does**）に **not** を加え動詞の前に置く。
❷ 動詞は常に**原形**にする。

肯定文 **Ken likes cats.** （ケンはネコが好きです）

❶ **does+not** を動詞の前に
❷ 動詞は**原形**に戻す

否定文 **Ken doesn't like cats.** （ケンはネコが好きではありません）

誰もが習った「否定文の作り方」ですが，語順は完全に無視されています。ネイティブは誰も肯定文を思い浮かべた後，文の途中に don't を置くなどといったことはしていません。彼らは語順通り Ken → doesn't → like → cats と作り出していますし，この「作り方」が虚構であるのはすぐにでも証明可能です。

Ken didn't meet anyone. （ケンは誰にも会わなかった）

この文には，「元の」肯定文，（×）Ken met anyone. は存在しません。anyone は否定の後ろに置かれて初めて「誰も～ない」という意味を結ぶからです。

私たちは英語の語順を学んでこなかった。だから英会話が苦手なのです。

でもこれからは違います。本書で学んだリズムの上に，みなさんがこれまで学んできた表現力は見事な花を咲かせることでしょう。ここからすべての日本人にとっての英会話が新しく始まる――だから私はこの小さな本に「一億人の英会話」と名づけたのです。

LESSON 50 not ②

文の一部を否定する

この配置の要点

Who ate all the guacamole?

指定

—Not me!

not

(誰がグアカモーレ全部食べたの？　——僕じゃない!)

ⓐ 文の一部を not で否定するには，not を否定したい語句の前に置くだけ。「指定は前に置く（指定ルール）」からです。

ⓑ 意識の順番に注意しましょう。この文を「『僕』を否定するから not を前に付けて『僕じゃない』としたのか」と考えたなら，それは日本語の語順に毒されています。英語ではまず「じゃない」が意識されるのです。そして何がそうじゃないかと言えば「私」。常に語順通り意識することを心がけてください。

音読 Say it out loud!

▼文中の様々な要素を否定しましょう。

1

We didn't choose you, but not because you aren't qualified.

（私たちはあなたを選びませんでしたが，その資格がないからではありません）

☑ not が後続の because 以下を否定して「資格がないからではない」。qualified は「資格要件を満たした」。

2

My wife told me not to stay out so late.

（妻は私にあまり夜遅くならないように言った）

☑ tell ～ to ... は目的語説明型。「～に…するように言う」でした。not が to 以下を否定すると「～に…しないように言う」となります。stay out は「外にいる＝家に戻らない」。

3

Sorry, this painting is not for sale.

（すみません，この絵は売り物ではないのです）

☑ for sale（売るための）を否定しています。

4

Let's not make the same mistake twice.

（同じ間違いを二回しないようにしよう）

☑ Let's ～ は「～しよう」。Let's not ～ は「～しないようにしよう」。

CHAPTER 5

LESSON 51 not ③

強い単語とのコンビネーション

この配置の要点

I don’t really like ginger.

not　　強い単語

（私はそれほどショウガが好きではない）

ⓐ not は really（本当に），always（いつも）など，「強い意味を持った単語」を否定し「それほど～じゃない」「いつも～とは限らない」と完全性を否定する表現（「部分否定」と呼ばれます）を作ることが頻繁にあります。

ⓑ 強い単語との位置関係が重要です。not は常に後続を否定するため，この文のように not really ... なら「本当に…というわけじゃない」。もし I really don’t like ginger. なら really が not に否定されず「本当に好きじゃない＝大嫌い」となります。

●部分否定を用いた婉曲表現。

「強い単語を否定する」――このテクニックを使って，ネイティブスピーカーたちはしばしば婉曲（遠回しな）表現を作ります。

ⓐ Your son is **not the brightest** student.
（あなたの息子さんは最も聡明な学生というわけではありません）

強い表現である最上級（最も～）を否定し，「最も～というわけではない」。もちろん話し手は賢くない学生だと思っているのですが，直接そんなことを言えるわけがないため遠回しな言い方をしているのです。もちろん聞き手に真意は十分伝わりますよ。

音読 Say it out loud!

▼ not の後ろに**強い単語**を置いて否定しましょう。

1

I don't **really** like pop music.

（私はポップスはあまり好きじゃない）

☑ **not → really** の順序に注意。

2

His handwriting isn't **very** good.

（彼はあまり字が上手じゃない）

☑ **not → very good** で「とても良いわけじゃない＝それほど良くはない」。

3

She doesn't **always** return her calls.

（彼女はいつも電話を返してくれるわけじゃない）

☑ **not → always** の順序で「いつも～とは限らない」。

4

That wasn't **exactly** your best performance. You should practice more.

（あの演技は必ずしも君のベストだとは言えないな。もっと練習しなくちゃ）

☑ **not → exactly**（正確に）で「必ずしも～というわけではない」。

CHAPTER 5

LESSON 52 not ④

not の前倒し

この配置の要点

〈前倒しのクセ〉

I don't think that's not correct.

（私はそれが正しいとは思いません）

ⓐ not の持つ「なるべく前倒し」というクセに慣れておきましょう。think（思う）や believe（信じている），seem（見える・思える）といった，意味の薄い思考を表す動詞に見られるクセです。上の文は論理的には I think that's not correct. の方が正しいように思われます（思っていること自体は事実ですから）が，英語では don't think 〜 がはるかに優先されます。

●クセの理由。

「なるべく前倒し」は，一見不思議ですがとても英語らしいクセなのです。英語は「説明は後回し」「大切なことは先」のことば――結論を先に置きたがることばなのです。上の例文では，don't think と前倒しすることによって，後続の内容について肯定的なのか・否定的なのか，話し手の結論が先出しされるというわけ。とても英語らしいクセでしょう？

音読 Say it out loud!

▼否定していることをなるべく早く相手に伝える意識で練習します。

1

I don't believe we've met. I'm Mark.

（お目にかかるのは初めてですね。僕はマークです）

☑ 「会ったことはないと思う」から「会ったことがあると思わない」へ，前倒し。

2

I don't expect that I'll pass this exam.

（この試験に合格できるとは思えません）

☑ expect は「予期する」。「しないと思う」から「するとは思わない」へ。

3

I don't think I can finish this steak.

（このステーキ全部食べられるとは思えません）

☑ 「できないと思う」から「できるとは思わない」へ。

4

I don't imagine it's possible.

（それが可能だとは思えません）

☑ imagine は「想像する」。

CHAPTER 5

LESSON 53 助動詞〈助動詞＋動詞～〉

この配置の要点

指定

I will lend you some money.

助動詞

（いくらかお金を貸してあげますよ）

ⓐ 助動詞は動詞の前に置かれます。それ以降の内容を話し手の心理の中でのことだと指定するからです。

ⓑ 意識は常に語順通り動かしてください。この文は I will（私はするよ！）で始まっています。日本語では「～するよ」は文末ですが，英語では文が始まるとほぼ同時に「～するよ」のキモチになっているのです。助動詞の表す心理と共に文を始めてください。

語順を定着させるために ～主語―助動詞～

助動詞を文末に置くクセのある私たち日本人には，この語順も相当の慣れが必要です。主語のすぐ後ろに助動詞を置くクセを付けるために，先程と同様のトレーニングを加えてもいいでしょう。

I will, I will,... → I will lend you some money.
（フレーズを繰り返す）

音読 Say it out loud!

▼主語の後にすぐ助動詞を置くことを念頭に音読しましょう。

1

I will prove my innocence.

（僕は自分の無実を証明するよ）

☑「意志（～するよ）」を表す will です。頭でカチッとクリックが鳴って意志が決定される感触。prove は「証明する」。innocence は「無実，潔白」。

2

Everything will be okay.

（すべてうまくいくさ）

☑ will は「予測」も表します。「だろう」と訳されることが多いのですが，話し手は確信を持って「うまくいくよ」と述べています。

3

You can pass the test. I know it.

（君なら合格できる。僕にはわかるさ）

☑「能力（～できる）」を表す can。主語の持つ潜在的な能力に目を向けています。

4

You can put your bags here.

（バッグはこちらに置いていいですよ）

☑「許可（いいですよ）」を表す can。主語がそうした自由度を潜在的に持っていることを表しています。

5

He can **be unreliable** at times.

（彼はときとして頼りないことがある）

☑「潜在的な性質」を述べる can。「そうしたことがある＝～しうる」ということ。unreliable は「信頼できない，当てにならない」。rely（頼る）が中心にある単語。at times は「時として」。

6

That can't **be true.**

（そんなはずはない）

☑ 潜在性を否定するところから，強い否定になっています。そんなことになる潜在的な要因すらないということです。

7

You may not **enter** before you are called.

（名前を呼ばれる前に入ってはいけません）

☑ may の「許可」は目上から目下への許可。「～してはいけません」という禁止。

8

It may **snow** this weekend.

（この週末，雪が降るかも）

☑ may は「かもしれない」。「推量」を表しています。そうなるかもしれないし，そうならないかもしれない程度の推量です。

9

You **must return the favor**. He helped you a lot.

（恩返ししなくちゃ。彼はずいぶん君を助けたのだから）

☑ **must** は「高い圧力」を表す助動詞です。ここは「しなければならない」ということ。**return the favor** は「恩を返す」。

10

You **must be looking forward to the wedding.**

（君は結婚式を楽しみにしているにちがいない）

☑ **must** の「高い圧力」がここでは高い確信「ちがいない」につながっています。これ以外考えられないという論理的「圧力」です。

11

You **should get the job**. You're well qualified.

（君はその仕事に就けるはずだよ。十分資格がある）

☑ **should** は「進むべき道」を表します。ここでは「この道に沿って物事は進んで行くはずだ」という「確信」を表しています。

12

We **should buy extra food.**

Unexpected guests may come.

（余分に食べものを買うべきだよ。呼んでいない客が来るかもしれないから）

☑ **should** の「進むべき道」が，「助言，アドバイス」につながっています。「この道を進むべき」だということですね。

おつかれさまでした。これで前置きの位置取りも慣れていただいたことになります。前から指定，後ろで説明。それが英語の基本リズムなのです。

次の最終章では，基本配置を崩した形——疑問文形に慣れていただきましょう。

CHAPTER 6

疑問文

LESSON 54—64

「配置のことば」英語では，語順の変更には大きな意味があります。この章では，代表的な語順変更である疑問形をしっかりマスターしておきます。

音声再生

❶ 配置を変更する

英語は「配置のことば」。語順の変更には意味と意図が伴います。

強調

ⓐ **Last night,** I went to a rugby game ~~last night~~.

（昨夜私はラグビーの試合に行った）

時を示す語句は，文末が標準。出来事がいつ起こったのかを説明するからです。それがⓐでは文頭に置かれています。ここから，話し手が **last night** を強調したいことが伝わります。感嘆文もまた，配置変更の代表例です。

ⓑ **What a nice camera** you have ~~a nice camera~~!

（なんていいカメラをあなたは持っているのでしょう！）

a nice camera を通常の have の目的語から，what を加え目立つ文頭へ。語順変更が感嘆の意味を担っているのです。この章では，最も頻繁に使われる基本的な語順変更――「疑問形」を自然に作れるようになるまで練習していきます。

❷ 主語―助動詞倒置（疑問形）

疑問形は，通常主語の後ろにある助動詞要素を文頭に出して作ります。主語と助動詞を「倒置する」というわけです。

ⓐ **Can you** play the piano? 【助動詞】

（ピアノは弾けますか？）

ⓑ **Do you** like dogs? 【助動詞なし】

（犬は好きですか？）

ⓒ **Is it** your first time in Japan? 【be動詞】

（日本は初めてですか？）

助動詞を使う文では助動詞を前に出し（ⓐ），助動詞がない文の場合は助動詞 do [does/did] を加え前に出します（ⓑ）。be動詞は通常の動詞と異なり疑問文・否定文では助動詞のように振る舞います。そのまま前に出せば疑問文となります（ⓒ）。

③ 主語ー助動詞倒置は気持ちの高まりを表す

疑問形は，実は疑問文専用ではありません。感情の高まりを表すとき，しばしば使われる形です。

ⓐ **Am I** tired!
(ああ疲れた！)

ⓑ **Did I** have a good time!
(ああ楽しかった！)

ⓒ <u>Never</u> **have I** seen such a great teacher!
(こんなすばらしい先生に出会ったことはありません！)

どの文も大きな感情の高まりを表しています。ⓒは Never ...（今までなかった）を強調し，その興奮を have I ... と倒置を使って維持しているのです。

この形が疑問文で使われるのは，疑問文では必ず「気持ちが動いているから」です。「知りたい・教えて」——そうした感情の動きがこの形に写し取られているのです。疑問文を使うとき，無表情ではいけません。感情を動かし，目や顔，仕草やイントネーションで必ず「知りたい」を表現すること。**語順変更と感情をシンクロさせる**ことが大切です。

④ 疑問文バリエーション

通常の疑問文のほか，疑問文には日常多用されるバリエーションがいくつかあります。この章で練習する形を説明しておきましょう。

1 wh疑問文

Who do you like? (あなたは誰が好きなのですか？)

wh疑問文とは，wh語（疑問詞：who，what，where など）を含む疑問文のこと。「誰，何，どこ，いつ」などの欠落した情報を相手に求める疑問文です。ところで，どうしてこの文は「誰が好きなのか」——like の目的語を尋ねていることがわかるのでしょうか。実は，この文は下図の形をしているのです。

like（～が好き）の目的語が埋まっておらず，**空所**（□）となっていますね。ここが空所であるところから，相手には「この部分の情報を求めている」ことが伝わります。ここが疑問のターゲット。

ただ like の目的語が空所なだけでは，好きなモノを尋ねているのか，好きな人を尋ねているのかがわかりません。そこで wh語が使われます。**wh語は空所を指定する働き**を持っており, who は「人指定」。who が使われていることから「誰が好きなのか」と人を尋ねていることが明らかになります。What do you like? なら「モノ」を尋ねていることになります。

また, wh疑問文は常に「疑問形」を含みます。「疑問の気持ち」が含まれているからです。紛れなく尋ねていることが相手に伝わります。まとめましょう。wh疑問文は次の３点に注意して作ります。

wh疑問文の作り方

❶ 知りたい情報の入る箇所を空所（□）にする。
❷ wh語で知りたい情報を指定する。
❸ 疑問形を含む（主語を尋ねる場合には含まない）

2 否定疑問文

Isn't this disguesting? （これってひどくない？）
疑問形

「～じゃないの？」――意外・驚き・不信・同意を求める気持ちなど，感情が色濃く滲む形です。助動詞 (can，do，be など）に not を付けるだけで作ることができます。

3 あいづち疑問

I'm a bit drunk. —Oh, are you?
疑問形

（ちょっと酔っ払ってるんだよ。――え，そうなの？）

相手の質問を受け，「へぇ，そうなの？」。これがあいづち疑問。適度なあいづちは会話を盛り上げるための必須テクニック。相手の発言を軽い疑問文にして繰り返してあげるだけで作ることができます。

4 付加疑問文

付加疑問文は，文末に疑問形を加え，「～でしょう？」「～ですよね？」など軽い疑問，念押しを表す形です。

ⓐ **It's a beautiful day, isn't it?** (すばらしい天気ですね？)
〈肯定⊕〉 〈否定⊖〉

ⓑ **Nancy doesn't love Ken, does she?** (ナンシーはケンのこと愛していないよね？)
〈否定⊖〉 〈肯定⊕〉

前の文を軽い疑問文にして後ろに加えて作ります。その際，文の ⊕/⊖ を逆転させることに注意しましょう。肯定文には否定疑問，否定文には肯定疑問となります。もちろん「軽い」疑問文ですから，isn't it fine などとフルセンテンスを付ける必要はありません（ⓐ）し，does Nancy などとせずに人称代名詞（ここでは she）を使います（ⓑ）。

文の ⊕/⊖ を逆転させるのは，「相手に選ばせる」意識から。「晴れていますよね，それともそうじゃない？」と軽く付け加えることによって，相手に選ばせる。それが同意を求める気持ちを運ぶのです。文末を上げて読めば疑問のニュアンスが，下げて読めば確かめ・念押しのニュアンスとなります。

LESSON 54

基本疑問文①

助動詞がある場合の疑問文

この配置の要点

Can you see my cards?
助動詞
You keep winning.

（僕のカードが見えるの？ ずっと勝ち続けだよね）

ⓐ 助動詞を含む場合，疑問形は助動詞を主語の前に出して作ります。

●「自動的に」を目指してください。

まずは基本の練習から。助動詞を前に出すだけの操作ですが，しっかりと練習してください。疑問文の形は，ネイティブスピーカーなら誰でも無意識に「自動的に」作ることができます。そのレベルに至るまで音読・暗唱ですよ！　がんばって。

音読 Say it out loud!

▼まずは基本的な疑問文に慣れましょう。しっかり感情を動かしながら練習です。

1

May I be excused?
I need to use the restroom.

（ちょっと失礼させていただいていいでしょうか？ トイレに行きたいのです）

☑ 助動詞 may を主語の前に。may は「上から下への許可」。May I ～ は相手の権威を認めた許可を請う丁寧な表現。excuse は「無作法・不注意などを許す・大目に見る」。その受動態が使われています。

2

Must you leave now?
We're having such a good time.

（今帰らなくちゃいけないの？ とても楽しく過ごしているのに）

☑ leave は「去る，出る」。

3

Would you like some more tea?

（もう少しお茶をいかがですか？）

☑ would like ～ は「～が欲しい」。want よりも間接的に響く大人表現。その疑問形です。

4

Have you seen the new season of Game of Chairs?

（「ゲーム・オブ・チェアーズ」の新しいシーズンを見ましたか？）

☑ 現在完了形の have は助動詞。疑問形ではこの単語を前に出します。ここでの現在完了形は「もう見た？」。出来事が手元で起こっていることを感じさせる完了用法です。

基本疑問文②

助動詞がない場合の疑問文

この配置の要点

Do you speak Spanish?

do

(スペイン語を話しますか?)

ⓐ 助動詞を含まない一般動詞の文では，助動詞 do［does/did］を用いて疑問形を作ります。

ⓑ ネイティブは do を機械的に付けているわけではありません。「する」という意味が感じられているのです。上の文は「speak Spanish する?」ということなのです。

●ここでも「自動的に」を目指してください。

会話の実践では「主語は三単現だから does を置いて…」などと考えていたら，肝心の内容が疎かになってしまいます。しっかりと「自動的に言えている」レベルまで練習ですよ！ ファイト。

音読 Say it out loud!

▼ do/does/did を適切に使い分けましょう。

1

Do you **have time on Friday?**

(金曜日に時間はありますか?)

☑ 助動詞がないため，do を文頭に用いて疑問文を作ります。**have time** は「時間がある」。

2

Do you **always take the train to work?**

(あなたはいつも仕事には電車で行くのですか?)

☑ **take the train** は「電車で行く」。**take** は「手に取る」。交通手段を手に取って選ぶ感触があります。

3

Does your sister **own a house?**

(君のお姉さんは家を持っているのですか?)

☑「三単現」の場合 does を用います。三単現とは，主語が三人称（**I, you** 以外）で単数，文が現在形のケースです。your sister は三人称単数の主語，現在の文ですから **does**。

4

Does this car **have a navigation system?**

(この車，ナビついている?)

☑「三単現」ですね。does を使います。

5

Did you **make any new friends?**

(新しい友達は誰かできたかい?)

☑「過去」の場合 did を用います。

基本疑問文③

be動詞の疑問文

この配置の要点

Is he your new boyfriend?
be動詞

He seems nice.

(彼は君の新しいボーイフレンド? 良さそうだね)

ⓐ be動詞の疑問形は be動詞を主語の前に出します。

●疑問文は心を動かして。

疑問文は心が大きく動きます。キモチと形がシンクロすることが特に重要な形。「教えて」「知りたい」というキモチで練習してくださいね。

音読 Say it out loud!

▼ be動詞を前に。しっかり感情を動かしてください。

1

Are you free? I have a few questions.

(時間がありますか？ いくつか質問があるのですが)

☑ are を主語 you の前に出し，疑問文。**a few** は「少し，多少の」。**few** となると「ほとんどない」と否定的な表現になるので注意が必要です。

2

Is she your daughter? She looks just like you!

(彼女は君の娘さんですか？ 君にすごく似ているよ！)

☑ is を文頭に。**look like ～** は「～のように見える」。

3

Are you hungry? I'll make you something.

(お腹空いてる？ 何か作ってあげますね)

☑ are を前に。**make you something** は目的語が２つの授与型。「あなたに何かを作ってあげる」となります。

4

Are you out of your mind? No way.

(正気かい？ 絶対にヤダよ)

☑ are を前に。**out of one's mind** はフレーズ。「頭がおかしい」。**no way** も可能性を否定する強い拒絶を表すフレーズ。

5

Am I your boyfriend? Tell me how you feel.

(僕は君と付き合っているのかな？ どう感じているのか教えて)

☑ am を前に。**how you feel** は wh節。「君がどのように感じている（のか）」。疑問の意図はありません。

CHAPTER 6

LESSON 57 wh疑問文①

wh疑問文基礎

この配置の要点

Who do you look up to [ ]?

wh語　〈空所〉

(あなたは誰を尊敬していますか?)

ⓐ wh疑問文は空所を尋ねる疑問文。この文では look up to ～ (～を尊敬する) の目的語を尋ねています。空所は who が指定しており「人」を尋ねていることが明示されています。

● wh疑問文の「3点セット」。

wh疑問文の作り方は，**❶知りたい箇所を空所にする，❷ wh語で指定，❸疑問文を作る** (主語を尋ねる場合を除く) でしたね (☞P.196)。この「3点セット」はしっかりおさえておきましょう。

音読 Say it out loud!

▼空所・wh語・疑問形の「3点セット」を意識しましょう。

1

What do you do ＿ on Sundays?

（日曜日には何をしますか？）

☑ 現在形を使って習慣を尋ねています。do（～をする）の目的語が空所。

2

When does your flight arrive 時 ?

（あなたの乗る便はいつ到着ですか？）

☑ 未来の出来事ですが，時刻表上の確定未来を述べているため現在形で尋ねています。三単現であるため does。when は「3時に」など，「時」が空所になっていることを示します。

3

Where have you been 場所 ?
I've been looking for you.

（どこにいたの？　ずっと探していたんだよ）

☑ where は「スーパーで」など「場所」が空所であることを示します。現在完了形が使われているのは，過去から現在に至るまでの流れが意識されているから。I've（＝ I have）been looking ... と現在完了進行形が使われています。現在に至るまでずっとある行為が続いていることを示しています。

4

Why did you become a journalist 理由 ?

（なぜジャーナリストになったのですか？）

☑ why は「なぜ」。because ... など理由が欠けている――空所であることを示します。

LESSON 58 wh疑問文②

大きなwh語

この配置の要点

What TV show do you like ［空所］?

大きなwh語　〈空所〉

（あなたはどんなテレビ番組が好きですか？）

ⓐ wh語はほかの語句と自由に組み合わせ「大きなwh語」を作ることができます。大きなwh語は単体の wh語と同じように使えます。***What*** do you like? と全く同じように ***What TV show*** do you like? と使えるというわけです。

●大きなwh語は自由に作る。

「大きなwh語」に長さの制限はありません。気楽に・自由に作り出していいのです。

Who out of the six candidates should we choose?
（6人の候補者の中から誰を選ぶべきだろうか？）

音読 Say it out loud!

▼「大きなwh語」に慣れていきましょう。

1

What kind of car are you **looking for** [ ] **?**

(どんな種類の車をあなたは探しているのですか？)

☑ **what kind of car** で「どういった種類の車」という大きな wh語。

2

How old is that car**? It looks ancient!**

(あの車何年経っているのですか？ すごく古く見えますが！)

☑ **how** は「程度，様子」を尋ねる wh語。**how much** (いくら)，**how tall** (身長はどのくらい) など，いろいろな大きな wh語を作ることができます。**ancient** [éinʃənt] は「非常に古い」。

3

Whose car is that**?**

(あれは誰の車ですか？)

☑ **whose** は「誰の，誰のもの」を尋ねる wh語。**Whose is it?** (それは誰のものですか？) と単体で尋ねることもできますが，この文のように「誰の～」と使うこともできます。

4

Which color do you **want?**

(どちらの色のが欲しい？)

☑ **which** は「選択」を尋ねる疑問詞。**Which do you prefer, soba or udon?** (うどんとそば，どちらがお好みですか？) と単体でも **OK** ですが，「どちらの～」もよく使われます。

5

Where in Seattle do you **work?**

(シアトルのどこで働いているのですか？)

☑ **where in Seattle** が大きな wh語。

LESSON 59 wh疑問文③

主語を尋ねる

この配置の要点

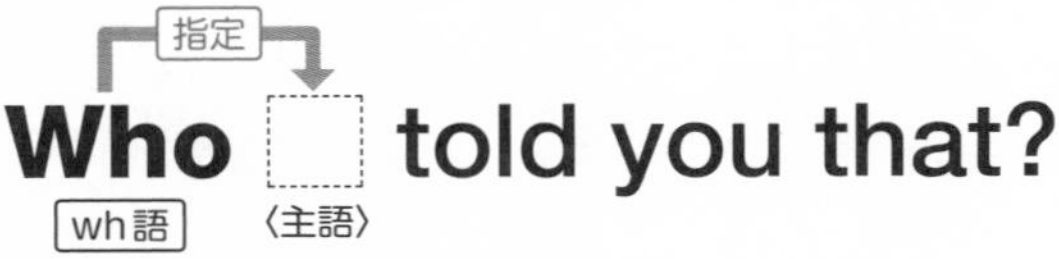

(誰が君にそんなことを言ったんだい?)

ⓐ 主語を尋ねる wh疑問文には疑問形が現れません。

ⓑ 疑問形が現れないのは，主語を尋ねる疑問文では主語が空所，つまり主語がないため，助動詞を主語の前に置いた疑問形を作ることがそもそもできないからです。

●主語を尋ねる wh 疑問文はとっても気楽。

主語を尋ねる wh疑問文は，疑問形をとらない例外的な形ではありますが，作るのは一番かんたん。**主語の位置に直接 wh語を放り込めばいい**だけですからね。ぜひマスターしてください。

音読 Say it out loud!

▼主語の位置にそのまま **wh語**を置きます。

1

Who wants to order pizza?

（ピザ頼みたい人は？）

☑ **want** の主語の位置に **who** を放り込む意識で。**wants** となっていることに注意しましょう。wh語は三人称単数の扱いなのです（三単現 **-s**）。

2

Who gave you that?

（誰からそれをもらったの？）

☑ **gave**（くれた）の前に wh語。「誰がくれた」と主語の働きとなります。

3

What makes you feel that way?

（どうしてそんなふうに感じるの？）

☑ **what** を主語位置に。それだけで「何が」と作れます。**make**（〜させる）を用いた目的語説明型。**way** は「方法，様子」。**that way** で「そんな風に」。

4

What's on your mind?

（何を悩んでいるの？）

☑ **on** は「〜の上」。そこから圧力を感じさせる表現でもあります。「何が心を押しているのか→何を悩んでいるのか」となります。

LESSON 60 wh疑問文④

長距離 wh疑問

この配置の要点

指定

Who did you **say Shaun called** [ ]?

wh語　〈主語〉

（ショーンが誰に電話をしたって言った?）

ⓐ 難易度の高い wh疑問文にトライします。空所の場所に注意しましょう。この文はリポート文「say + 節」の節中，called の目的語を尋ねています。「ショーンが誰に電話をかけたのか」ということ。

●空所を意識する。

このレベルの wh疑問文が自然に作れたら，大変な英語力ですよ。空所の位置をしっかり意識しながら練習してくださいね。
がんばって。

音読 Say it out loud!

▼ wh語と離れた場所にある空所に注意しましょう。

1

Who did you say [ ] **called Shaun?**

(誰がショーンに電話をかけたって言ったの？)

☑ リポート文の節中を尋ねています。**called** の主語の位置に空所。そこをしっかり空けて作ることが大切です。

2

Where did you say **his house was** [場所] **?**

(彼の家がどこにあるって言ったの？)

☑ **where** は **was** の後ろの「場所」を表す空所を尋ねています。

3

How many plates do you **think we need** [ ] **?**

(お皿は何枚いると思いますか？)

☑ **think** のリポート文。**need** の後ろを尋ねます。

4

Who do you **want** [ ] **to be at the party?**

(誰にパーティーに来てもらいたい？)

☑ 「**want** 人 **to** ～(人に～してもらいたい)」の人を尋ねています。

LESSON 61 あいづち疑問

この配置の要点

My wife and I had our first child.

—Oh, did you?

(妻と私に最初の子供ができたんだ。——へぇ，そうなんだ？)

ⓐ 相手の発言を軽い疑問文にして聞き返します。

●相手の発言に興味を持つ。

「あいづち疑問」は，とても重要です。それは会話の基本が，相手の話を興味深く聞いていることを常に示すことにあるから。この形であいづちを打つことによって会話に勢いが生まれますよ。ぜひお試しください。

音読 Say it out loud!

▼相手の発言に反射的にあいづち疑問，いいですね？

1

I can take Luna to school tomorrow.
—Oh, can you? Thank you so much.

（明日はルナを学校に連れていってあげられるよ。――そうなの？ 本当にありがとう）

☑ **I can** → **can you?** と軽い疑問文にしていますね。お礼のことばなど，適宜付け加えるのも大切です。

2

I'm feeling a bit under the weather.
—Oh, are you?

（今日はちょっと体調が悪いんだよ。――そうなんだ？）

☑ **a bit** は「少し」。**under the weather** は「体調が悪い」。**I'm** → **are you?** と軽い疑問文の形。

3

My dad got a promotion.
—Oh, did he? Congratulations!

（父は昇進したんだよ。――そうなんだ？ おめでとう！）

☑ **got** は一般動詞の過去 → **did he?** となりますね。

4

I've been to the top of Mt. Fuji.
—Oh, have you?

（私は富士山の頂上に登ったことがあるよ。――ふーん，そうなの？）

☑ 現在完了形では **have** が助動詞。主語の前に置いて **have you?**

CHAPTER 6
LESSON 62 否定疑問文

この配置の要点

Don't you want to know?

助動詞要素＋not

(知りたくないんですか?)

ⓐ 意外・驚き・不信などの感情がこもる形です。疑問形の助動詞要素 (☞P.194) に not を加えて作ります。

●ぜひ得意技に。

とても豊かな感情を込めることのできる否定疑問文ですが，使いこなしている学習者はあまり多くないように思います。

次のページの例文を眺めてみましょう。複雑な味を疑問文に加えることのできる，使い勝手の良い形です。ぜひみなさんの得意技にしてくださいね。

音読 Say it out loud!

▼助動詞要素に not。すぐに作れるようになりますよ。

1

Don't you know where this is?

（これがどこかわからないのですか？）

☑ 助動詞要素 do に not を付け，Don't you ～？

2

She's going to leave.
Can't you say something?

（彼女は行っちゃうよ。何か言えないのかい？）

☑ Can't you ...? は「…できないの？」。行ってしまわないように何か言いなさいということ。

3

Why can't you be honest with yourself?

（なぜ自分自身に正直になれないんだい？）

☑ これも非難の感情。**honest** [ánist] は「正直な，率直な」。

4

Why are you awake?
Isn't it early in America now?

（どうして起きているの？ 今アメリカは早い時間じゃないの？）

☑ be動詞の疑問文では be動詞に not。

5

You want more ice cream?
Aren't you full already?

（もっとアイスクリームが欲しいって？ もうお腹いっぱいじゃないの？）

☑ こちらも be動詞に not ですね。**already** は「すでに」。

CHAPTER 6
LESSON 63 付加疑問文

この配置の要点

That was a great movie, wasn't it?

肯定（＋） ----→ 否定疑問（－）

（あれはすごい映画だったよね?）

Ken➡he, Lucy➡she, that➡it
など人称代名詞を用いて「軽く」する

ⓐ「～でしょう？」「～ですよね？」など軽い疑問，念押しを表す形。文の⊕/⊖を逆転させることに注意。肯定文には否定疑問，否定文には肯定疑問となります。

ⓑ 付加する疑問文は軽さが身上。重い主語は人称代名詞を積極的に用いて文を軽くしていきます。

●相手に選ばせる。

付加疑問文は選択肢を与えて相手に選ばせる形。「～だよね，それともそうじゃない？」「～じゃないよね，それともそうなの？」――この感覚を理解すれば上手に肯定・否定を逆転させることができますよ。

音読 Say it out loud!

▼慣れが必要な形です。音読でしっかりマスターしていきましょう。

1

Hey, he's your friend, isn't he?

（ねぇ，彼は君の友達だよね？）

☑ he's → isn't he と ⊕/⊖ を変えて。

2

She's worked in finance before, hasn't she?

（彼女は以前経理で働いたことがあるよね？）

☑ She has → hasn't she。

3

She lives in Guam, doesn't she?

（彼女はグアムに住んでいるのでしょう？）

☑ She lives（三単現）→ doesn't she。

4

You don't care if I stay here, do you?

（僕がここにいても気にしないよね？）

☑ You don't → do you。否定文のときには肯定疑問へ。not care は「気にしない，かまわない」。

5

You can do it, can't you?

（君はできるよね？）

☑ You can → can't you。

LESSON 64 ちょこっと疑問文

この配置の要点

ちょこっと付け足す!

This bag is yours, right?

（これは君のバッグだよね?）

ⓐ 付加疑問文は，英語全体を見渡せばこの「ちょこっと」疑問の仲間です。文末にちょこっと語句を付けて疑問文。気軽に使ってくださいね。

ⓑ ちょこっと疑問には様々なものがあります。代表的なものに慣れておきましょう。

おつかれさまでした。

最後のレッスンです。このレッスン終了後，みなさんは，英会話最重要の基礎である語順・基本配列を学んだことになります。日本語と英語の違いに起因する，英語学習上の弱点は，すでにみなさんにはありません。しばらくの間，本書を何度も繰り返し音読・暗唱してそのリズムをさらに定着させましょう。

そして，その後は。

表現力を付ける長期に渡る学習が待っています。できればまた，みなさんの英語学習のお手伝いをさせてください。

音読 Say it out loud!

▼文末に「ちょこっと」。気軽に多用してください。

1

Be there on time, OK?

(時間通り来ること，いいね？)

☑ OK を気軽に加えて。

2

Hand me that stapler, will you?

(そのホチキス，取ってくれない？)

☑ will you は依頼に使われる形です。文末に置いて「～してくれない？」。「丁寧」とまでは言えない気軽な形です。

3

Relax, would you?

(落ち着いていただけませんか？)

☑ will you の丁寧バージョン。

4

Let's eat, shall we?

(さあ食べましょう，ね？)

☑ let's ～で「～しよう」と勢いよく誘って，shall we? で「そうしません？」と手を引くように優しく。コンビネーションで使われます。

5

Our presentation went well, don't you think?

(僕たちのプレゼンテーション上手くいったよね，そう思わない？)

☑ don't you think (そう思いませんか) もよく使われるちょこっと疑問です。

最終章の疑問文，いかがでしたか。倒置は心を動かしながら作る形。しっかり語順と意識を連動させてくださいね。

おわりに

IN CONCLUSION

みなさんお疲れさまでした。おそらく最後までお読みいただいた方は，共通の感想を抱かれたことかと思います。

――「英語は単純なパターンの繰り返しだ」。

英語には数少ない配置・語順原理しかありません。その単純な繰り返しですべての文は成り立っています。どんなに長く，複雑な文であっても同じです。ということは，もうみなさんには英語を操る核が備わったのです。何度も音読，暗唱を加えて，その核を鉄壁のものとしてくださるようお願い致します。

大西泰斗

Congratulations. You've created the foundation for mastering English conversation. In the end, speaking English is a matter of mixing and matching these patterns. Take it to the next level by being creative, and don't forget to say it out loud. I believe in you.

David Evans
（デイビット・エバンス）

例文一覧

INDEX

他 = 他動型
自 = 自動型
説 = 説明型 (①／②)
授 = 授与型 (①／②)
目説 = 目的語説明型
リポ = リポート文
命 = 命令文
th = there文

✔	英語例文	番号	文型
A	Act quickly! This is a limited-time offer.	L45-3	命, 説①
□	After the long meeting, our boss let us go home.	L22-8	目説
□	Alexa is shy.	L03-5	説①
□	All members are expected to obey the dress code.	L23-10	目説
□	All my data was erased in the power failure.	L16-3	説①
□	Am I your boyfriend? Tell me how you feel.	L56-5	説①, 命
□	Are these the boys that were harassing you?	L41-0	説①
□	Are you free? I have a few questions.	L56-1	説①, 他
□	Are you hungry? I'll make you something.	L56-3	説①, 授①
□	Are you out of your mind? No way.	L56-4	説①
□	Are you satisfied working in an office?	L31-4	説①
□	Ask around. I'm sure there's someone who knows the answer.	L41-6	命, リポ
B	Be good to your mother.	L25-3	命
□	Be there on time, OK?	L64-1	命
□	Becoming an astronaut is my life's dream.	L08-3	説①
□	Being a parent is hard work.	L08-2	説①
□	Bolt runs fast.	L29-1	自
□	Bring me a red tie.	L45-2	命
C	Can you see my cards? You keep winning.	L54-0	他, 説②
□	Can you still remember the place where we first met?	L44-1	他
□	Can you teach me how to write a good resume?	L36-4	授①
□	Chris called to ask if you're coming.	L30-1	自
□	Could you tell me which train to take for Shinjuku?	L36-3	授①
D	Dad's making eggs for breakfast.	L15-7	説①

【備考】
- ☑ 本書の英語例文（＋日本語訳）をアルファベット順に掲載しています。
- ☑ 右ページの「日本語訳」を先に見て，「英語例文」を頭で考えるという学習法も可能です。
- ☑ 「番号」は「レッスン番号 - 例文番号」です（例：L01-1 → LESSON 01 の例文1 という意味）
- ☑ 「この配置の要点」の例文番号は0です（例：L10-0 ← LESSON 10 の「この配置の要点」の例文）。
- ☑ 「STET UP!」の例文番号は SU です。（例：L15-SU ← LESSON 15 の「STET UP!」の例文）

✔	日本語訳	ページ
☐	急いでください！ 期間限定の販売となります。	P.171
☐	長いミーティングの後，上司は僕たちを帰らせてくれた。	P.77
☐	アレクサは内気です。	P.23
☐	すべてのメンバーにはドレスコードに従うことが求められています。	P.83
☐	停電でデータが全部とんじゃったよ。	P.61
☐	僕は君と付き合っているのかな？ どう感じているのか教えて。	P.203
☐	この子たちが君に嫌がらせをしていた男の子ですか？	P.153
☐	時間がありますか？ いくつか質問があるのですが。	P.203
☐	お腹空いてる？ 何か作ってあげますね。	P.203
☐	正気かい？ 絶対にヤダよ。	P.203
☐	会社にこもって働いていて満足してる？	P.129
☐	聞いて回ってごらんよ。その答えを知っている人がきっといるはずだよ。	P.155
☐	お母さんに良くしてあげなさい。	P.97
☐	時間通り来ること，いいね？	P.219
☐	宇宙飛行士になるのは僕の生涯の夢だ。	P.43
☐	親であることは重労働だ。	P.43
☐	ボルトは走るのが速い。	P.118
☐	赤いネクタイを持ってきてくれないか。	P.171
☐	僕のカードが見えるの？ ずっと勝ち続けだよね。	P.198
☐	私たちが最初に出会った場所をまだ思い出せますか？	P.161
☐	良い履歴書の書き方を教えてくれますか？	P.139
☐	クリスは君が来るかどうか聞くために電話をかけてきました。	P.121
☐	新宿に行くのにどの電車に乗るべきか教えていただけますか？	P.139
☐	朝ご飯はお父さんが卵料理を作るよ。	P.59

✓	英語例文	番号	文型
☐	Dean says you're good with computers. Is that so?	L24-5	リポ, 説①
☐	Denali, or formerly Mt. McKinley, is a famous mountain in Alaska.	L37-3	説①
☐	Did you come here by train? How long did it take?	L29-6	自, 他
☐	Did you hear the excuse he gave? Unbelievable.	L40-3	他
☐	Did you hear? She named her daughter Cinnamon.	L07-1	他, 目説
☐	Did you make any new friends?	L55-5	他
☐	Do it as I told you.	L29-7	命
☐	Do pay attention. This is important.	L25-16	命, 説①
☐	Do you always take the train to work?	L55-2	他
☐	Do you have someone to discuss this with?	L35-3	目説
☐	Do you have time on Friday?	L55-1	他
☐	Do you know if there's a convenience store near here?	L24-15	リポ
☐	Do you know the answer? I'm stumped.	L01-3	他, 説①
☐	Do you remember going to Ginza last year?	L14-2	他
☐	Do you speak Spanish?	L55-0	他
☐	Does this car have a navigation system?	L55-4	他
☐	Does your sister own a house?	L55-3	他
☐	Don't apologize. It's not your fault.	L25-9	命, 説①
☐	Don't fire me, please! I need this job!	L25-8	命, 他
☐	Don't look at me like that.	L02-6	自
☐	Don't run! The floor is wet.	L02-2	自, 説①
☐	Don't send your girlfriend flowers. It's cliché.	L05-8	授①, 説①
☐	Don't talk to me like I'm a child.	L25-10	命
☐	Don't you ever come back here again!	L25-20	命
☐	Don't you know where this is?	L62-1	他
☐	Don't you want to know?	L62-0	他
E	Eat up!	L25-0	命
☐	English is spoken in many countries.	L16-1	説①

✔	日本語訳	ページ
□	ディーンは君がコンピューターが得意だと言っているよ。そうなの？	P.89
□	デナリ，以前の名前はマッキンリー山ですが，アラスカにある有名な山です。	P.141
□	君はここに電車で来たのですか？ どのくらいかかりましたか？	P.119
□	彼がした言い訳を聞いた？ 信じられないよ。	P.151
□	聞いた？ 彼女は娘にシナモンってつけたんだ。	P.34
□	新しい友達は誰かできたかい？	P.201
□	私が言ったとおりにやりなさい。	P.119
□	しっかり注目すること。重要ですよ。	P.100
□	あなたはいつも仕事には電車で行くのですか？	P.201
□	このことについて話し合う人が誰かいますか？	P.137
□	金曜日に時間はありますか？	P.201
□	この近くにコンビニがあるかどうかご存知ですか？	P.93
□	答え知ってる？ 僕はお手上げだよ。	P.15
□	去年銀座に行ったのを覚えていますか？	P.55
□	スペイン語を話しますか？	P.200
□	この車，ナビついている？	P.201
□	君のお姉さんは家を持っているのですか？	P.201
□	謝罪なんてするな。君の責任じゃないよ。	P.98
□	どうかクビにしないでください！ この仕事が必要なのです！	P.98
□	そんなふうに僕を見るなよ。	P.20
□	走らないで！ 床が濡れているよ。	P.19
□	彼女に花を送ってはいけないよ。月並みすぎる。	P.30
□	僕が子供であるかのように話してくるなよ。	P.99
□	ここに二度と帰ってくるな！	P.101
□	これがどこかわからないのですか？	P.215
□	知りたくないんですか？	P.214
□	全部食べなさい！	P.96
□	英語は多くの国で話されています。	P.61

✓	英語例文	番号	文型
☐	Everyone agreed.	L02-1	自
☐	Everything turned out OK.	L04-7	説②
☐	Everything will be okay.	L53-2	説①
☐	Excuse me, but I'm looking for Mr. Anderson. Is he around?	L15-3	説①, 説①
☐	Explain to me the reason why you deserve a raise.	L44-5	命
G	Get a move on! We're leaving in ten minutes.	L27-7	命, 説①
☐	Give me some space, please. I need to be alone right now.	L25-7	命, 他
☐	Give me two weeks. I'll fix your problem.	L05-6	授①, 他
☐	Go, now. Do not come back.	L25-18	命, 命
H	Hand me that stapler, will you?	L64-2	命
☐	Happiness is accepting change.	L18-3	説①
☐	Have the valet go get the car please. I'm ready.	L22-15	命, 説①
☐	Have you seen the new season of Game of Chairs?	L54-4	他
☐	Have you tried turning the power on and off? That might fix it.	L14-4	他, 他
☐	Hayata Shin is Ultraman.	L03-1	説①
☐	He can be unreliable at times.	L53-5	説①
☐	He can provide the answers that you seek.	L40-6	他
☐	He doesn't want to start a long-distance relationship.	L49-1	他
☐	He grew up to be a father of five.	L30-10	自
☐	He had his house broken into by a burglar.	L21-4	目説
☐	He had the server bring him a clean napkin.	L22-14	目説
☐	He has an office on the top floor.	L32-1	他
☐	He isn't sure what to do. Can you help him?	L36-1	リポ, 他
☐	He lives in a cabin in the woods.	L32-3	自
☐	He makes cookies the way his mother did.	L29-8	他
☐	He promised me he broke up with his girlfriend. He lied.	L24-6	リポ, 自
☐	He promised me that he would marry me.	L24-0	リポ
☐	He swore to me he was at work. But his SNS account says otherwise.	L24-8	リポ, 自

✔	日本語訳	ページ
	みんな同意した。	P.19
	すべてがうまくいったよ。	P.27
	すべてうまくいくさ。	P.189
	すみませんが，アンダーソンさんを探しています。近くにいますか？	P.57
	君が昇給に値する理由を説明してくれないか。	P.162
	急いで！ 10分後に出発だよ。	P.112
	少しほっといてくれませんか。今は一人になりたいのです。	P.98
	二週間ください。君の問題を解決してあげるよ。	P.30
	もう行け。絶対帰ってくるなよ。	P.101
	そのホチキス，取ってくれない？	P.219
	幸せとは変化を受け入れること。	P.67
	駐車係に車をとって来させてちょうだい。出発の準備ができたから。	P.79
	「ゲーム・オブ・チェアーズ」の新しいシーズンを見ましたか？	P.199
	電源をオンやオフにしてみた？ ひょっとして直るかも。	P.55
	早田進はウルトラマンです。	P.22
	彼はときとして頼りないことがある。	P.190
	彼は君が求める答えを与えてくれますよ。	P.152
	彼は遠距離恋愛を始めたがらないのです。	P.179
	彼は大きくなって５人の父親になった。	P.123
	彼は家に泥棒に入られた。	P.73
	彼は給仕係にキレイなナプキンを持ってきてもらった。	P.79
	彼は最上階のオフィスを持っている。	P.131
	彼は何をしていいのかわからないんだ。助けてあげてくれる？	P.139
	彼は森の中の小屋に住んでいます。	P.131
	彼はクッキーを母親がやっていたように作ります。	P.119
	彼はガールフレンドと別れると約束してくれた。彼は嘘をついたのよ。	P.90
	彼は私と結婚すると約束してくれた。	P.88
	彼は仕事をしていたと言い張ったが，彼の SNS アカウントは違うと言っている。	P.90

✓	英語例文	番号	文型
☐	He told me he doesn't want to marry me.	L24-7	リポ
☐	He usually eats with a knife and fork.	L29-3	自
☐	He's a guy that'll never bore you.	L41-3	説①
☐	Her perfume smells like roses.	L04-4	説②
☐	Hey look, there's Adam! Hi Adam!	L26-2	th
☐	Hey, are you listening?	L15-1	説①
☐	Hey, he's your friend, isn't he?	L63-1	説①
☐	Hey, isn't that Meiko Satsuda? Let's get her autograph!	L25-12	説①, 命
☐	Hey, isn't that the book you were looking for?	L42-0	説①
☐	Hey, Steve. Your phone is ringing.	L15-0	説①
☐	Hey, that's the woman who used to babysit me as a kid. Let's say hello!	L41-5	説①, 命
☐	His cooking was unbelievably good.	L46-0	説①
☐	His handwriting isn't very good.	L51-2	説①
☐	His music is loved all over the world.	L16-0	説①
☐	His new book comes out on the 21st of September.	L27-3	自
☐	His voice is impossible to ignore.	L30-23	説①
☐	How many plates do you think we need?	L60-3	リポ
☐	How old is that car? It looks ancient!	L58-2	説①, 説②
I	I am always here for you, no matter what.	L47-4	説①
☐	I am an engineer.	L03-2	説①
☐	I apologized to the man whose window I broke.	L43-4	自
☐	I asked her to marry me.	L23-1	目説
☐	I attached the document I was referring to earlier. Please read it.	L42-4	他, 命
☐	I bumped into Chris at the store yesterday.	L27-17	自
☐	I buy my coffee at a café in Seattle.	L27-15	他
☐	I came to deliver a message.	L30-4	自
☐	I can take Luna to school tomorrow. —Oh, can you? Thank you so much.	L61-1	目説, 他
☐	I can tell whether or not you opened the email.	L24-18	リポ

✔	日本語訳	ページ
□	彼は私と結婚したくないと言った。	P.90
□	彼は普段はナイフとフォークで食事をします。	P.118
□	彼は君を決して退屈させない男だよ。	P.154
□	彼女の香水はバラのような香りがする。	P.26
□	おい，アダムがいるぜ！ やぁアダム！	P.103
□	なぁ，聞いてる？	P.57
□	ねぇ，彼は君の友達だよね？	P.217
□	なぁ，あれって薩田芽衣子じゃないか？ サインもらいに行こう！	P.99
□	ねぇ，あれはあなたが探していた本じゃない？	P.156
□	ねぇ，スティーブ。電話が鳴っているよ。	P.56
□	ねぇ，あれが僕が子供の頃子守してくれた人なんだ。挨拶しようよ！	P.155
□	彼の料理は信じられないくらい良かった。	P.172
□	彼はあまり字が上手じゃない。	P.185
□	彼の音楽は世界中で愛されている。	P.60
□	彼の新刊は9月21日に出ますよ。	P.111
□	彼の声を無視することなんてできないよ。	P.127
□	お皿は何枚いると思いますか？	P.211
□	あの車何年経っているのですか？ すごく古く見えますが！	P.207
□	僕はいつでも君の味方だよ，何があろうとね。	P.175
□	私はエンジニアです。	P.22
□	私が窓を割ってしまった人に謝った。	P.159
□	彼女に結婚してくれるよう頼んだ。	P.81
□	以前言及していた書類を添付しました。お読みください。	P.157
□	昨日その店でクリスとバッタリ会いました。	P.114
□	コーヒーはシアトルのカフェで買います。	P.114
□	私はメッセージを伝えにきました。	P.121
□	明日はルナを学校に連れていってあげられるよ。――そうなの？ 本当にありがとう。	P.213
□	君がメールを開けたかどうかわかるよ。	P.93

✓	英語例文	番号	文型
☐	I can't stand being stuck in traffic.	L11-4	他
☐	I don't believe we've met. I'm Mark.	L52-1	リポ, 説①
☐	I don't believe we've met. My name is Ken, I work in accounting.	L24-4	リポ, 説①, 自
☐	I don't care what you think. You're wrong.	L24-20	リポ, 説①
☐	I don't date coworkers. It's my personal policy.	L49-2	他, 説①
☐	I don't expect that I'll pass this exam.	L52-2	リポ
☐	I don't have time for excuses.	L01-5	他
☐	I don't imagine it's possible.	L52-4	リポ
☐	I don't really like ginger.	L51-0	他
☐	I don't really like pop music.	L51-1	他
☐	I don't think I can finish this steak.	L52-3	リポ
☐	I don't think that's correct.	L52-0	リポ
☐	I don't want you to feel bad, but I can't eat this soup.	L23-4	目説, 他
☐	I expect you all to do your best.	L23-9	目説
☐	I felt the building shake.	L22-4	目説
☐	I finished doing my homework two hours ago.	L12-3	他
☐	I forgot when our anniversary is.	L24-21	リポ
☐	I found the video you were talking about. It was pretty funny.	L42-2	他, 説①
☐	I gave him the information he needed.	L40-4	授①
☐	I get the message that you're not interested. I'll leave you alone.	L38-4	他, 目説
☐	I give you my word, and I'm a person that never breaks their word.	L41-2	授①, 説①
☐	I got my boss to give me the day off.	L23-3	目説
☐	I had my hair cut last week.	L21-0	目説
☐	I have a classmate whose father is a politician.	L43-1	他
☐	I have a dog to keep me company.	L35-4	目説
☐	I have a feeling that you're lying. Tell the truth.	L38-1	他, 命
☐	I have a friend whose parrot can talk.	L43-2	他
☐	I have a suspicion that you're looking for a new job. Is that true?	L38-3	他, 説①

✔	日本語訳	ページ
□	渋滞にはまるのは耐えられない。	P.49
□	お目にかかるのは初めてですね。僕はマークです。	P.187
□	以前お目にかかったことはありませんね。私はケン，会計で働いています。	P.89
□	君が考えていることに興味はないな。君は間違っているよ。	P.95
□	同僚とは付き合わないんです。個人的なポリシーなのですが。	P.179
□	この試験に合格できるとは思えません。	P.187
□	言い訳を聞いている時間は僕にはない。	P.16
□	それが可能だとは思えません。	P.187
□	私はそれほどショウガが好きではない。	P.184
□	私はポップスはあまり好きじゃない。	P.185
□	このステーキ全部食べられるとは思えません。	P.187
□	私はそれが正しいとは思いません。	P.186
□	気を悪くしないでもらいたいのだが，このスープは飲めない。	P.81
□	君たちみんながベストを尽くすことを期待します。	P.83
□	ビルが揺れるのを感じた。	P.75
□	2時間前に宿題をやり終えました。	P.51
□	いつが記念日なのか忘れちゃったよ。	P.95
□	君が話していたビデオを見つけたよ。かなりおかしかった。	P.157
□	彼が必要としている情報を与えた。	P.151
□	君に興味がないのはよくわかった。放っておくよ。	P.143
□	約束します，そして私は決して約束をたがえない人間です。	P.154
□	上司に休ませてもらった。	P.81
□	先週髪を切った。	P.72
□	私はお父さんが政治家のクラスメートを持っています。	P.159
□	僕には一緒にいてくれる犬がいます。	P.137
□	君は嘘をついている気がする。本当のことを言えよ。	P.143
□	私には飼っているオウムが話をする友達がいます。	P.159
□	君が新しい仕事を探しているのではないかと思っているのだが。本当？	P.143

✔	英語例文	番号	文型
☐	I haven't heard if they're coming.	L24-SU	リポ
☐	I haven't seen anybody matching that description.	L39-1	目説
☐	I heard Lucy play the piano.	L22-1	リポ
☐	I heard Monoya is planning to release a new supplement.	L13-2	リポ
☐	I heard the news that you're quitting.	L38-0	他
☐	I know a guy whose shoes are size 15.	L43-0	他
☐	I know you've been drinking. Hand over your keys.	L24-3	リポ, 命
☐	I like taking walks on the beach at sunset.	L11-2	他
☐	I like this restaurant because they let you take home leftovers.	L22-9	他
☐	I love you because you treat me kindly.	L28-3	他
☐	I love your hair! That style suits you.	L01-4	他, 他
☐	I married a girl I met in high school.	L40-0	他
☐	I need directions to the station. Is there someone who I can ask?	L40-7	他, th
☐	I need someone to pick me up at the airport.	L35-0	目説
☐	I need you at the station by five. Don't be late.	L07-5	目説, 命
☐	I need you to listen to me.	L23-8	目説
☐	I never agreed to stay home with the kids all day.	L13-1	他／自
☐	I opened the fridge only to find it was empty.	L30-12	他
☐	I own a house on the waterfront.	L32-2	他
☐	I persuaded my parents to get a cat.	L23-2	目説
☐	I promise to never lie to you again.	L13-3	他
☐	I recorded the whole thing with my smartphone.	L29-4	他
☐	I saw her open the window.	L22-0	目説
☐	I saw my professor at a bar last weekend.	L27-18	他
☐	I saw you leave the restroom without washing your hands.	L22-2	目説
☐	I see your point.	L01-6	他
☐	I slept well.	L02-3	自
☐	I stayed at a hotel whose rooms are so small.	L43-3	自

✔	日本語訳	ページ
☐	彼らが来るかどうか聞いていません。	P.92
☐	その特徴にあてはまる人は見たことがありませんね。	P.145
☐	ルーシーがピアノを弾くのを聞いた。	P.75
☐	モノヤが新しいサプリの発売を計画していると聞きました。	P.53
☐	君が辞めるというニュースを聞いたよ。	P.142
☐	僕は靴が15サイズの男を知っているよ。	P.158
☐	君が飲んでいたことは知っているよ。〔車の〕カギを渡しなさい。	P.89
☐	日没のビーチを散歩するのが好きです。	P.49
☐	私はこのレストランが好きです，残ったものを家に持ち帰らせてくれるので。	P.78
☐	あなたが優しくしてくれるから大好きです。	P.116
☐	君の髪〔型〕大好きだよ！ そのスタイルは君にピッタリ。	P.15
☐	私は高校時代に出会った女の子と結婚しました。	P.150
☐	駅までの道案内が必要なのです。誰か頼める人はいますか？	P.152
☐	空港に迎えに来てくれる人が必要です。	P.136
☐	5時までに駅に来てもらう必要があります。遅れないように。	P.35
☐	僕の言うことに耳を傾けてもらいたい。	P.82
☐	子供と一日中家にいることに同意した覚えはないよ。	P.53
☐	冷蔵庫を空けたが空だとわかっただけだった。	P.123
☐	海岸沿いの家を所有しています。	P.131
☐	両親にネコを飼うよう説得した。	P.81
☐	もう二度と君に嘘をつかないと約束するよ。	P.53
☐	私はスマホですべてを録音しましたよ。	P.118
☐	彼女が窓を開けるのを見た。	P.74
☐	先週末にバーで私の指導教授を見ました。	P.114
☐	君が手を洗わずにトイレを出るのを見たよ。	P.75
☐	君の言いたいことはわかるよ。	P.16
☐	よく寝たよ。	P.19
☐	私が泊まったホテルは部屋が小さすぎる。	P.159

✓	英語例文	番号	文型
☐	I think he is ideal.	L24-1	リポ
☐	I think it's rude to carry fast food on the bus.	L27-13	リポ
☐	I told you to clean your room!	L23-0	目説
☐	I took this photo using my new smartphone.	L31-0	他
☐	I tried to talk to her, but she just walked away.	L14-3	他, 自
☐	I usually don't eat spicy food.	L45-0	他
☐	I usually get up around seven.	L47-3	自
☐	I want the title big. It needs to stand out.	L07-2	目説, 他
☐	I want this laundry folded.	L21-2	目説
☐	I want to have kids someday.	L13-0	他
☐	I warned you not to be late.	L23-5	目説
☐	I was amazed to hear you passed the interview.	L30-8	説①
☐	I was right to choose you, Kevin. Your talent is unsurpassed.	L30-15	説①, 説①
☐	I was surprised at the news.	L16-6	説①
☐	I will lend you some money.	L53-0	授①
☐	I will prove my innocence.	L53-1	他
☐	I won't allow you to ruin my birthday party.	L23-6	目説
☐	I work at a shop in Sangenjaya.	L27-14	自
☐	I worked all day making this soup, so eat up!	L31-2	自, 命
☐	I would like the sides short. It's the latest hair style.	L07-4	目説, 説①
☐	I'd like my steak rare. Can you do that?	L07-3	目説, 他
☐	I'll do this paperwork since you're too busy to do it.	L28-2	他
☐	I'll get my homework done by 10.	L21-3	目説
☐	I'll have my secretary fax it to you right away.	L22-13	目説
☐	I'll let you know about my plan when I decide.	L22-12	目説
☐	I'll pick him up at the station.	L27-11	他
☐	I'll surely be late. The trains are stopped.	L48-3	説①, 説①
☐	I'm afraid we're fully booked. My apologies.	L24-10	リポ

✔	日本語訳	ページ
	彼は理想的だと思うよ。	P.89
	ファストフードをバスに持ち込むのは無作法だと思います。	P.113
	部屋を掃除するように言ったわよね！	P.80
	この写真は私の新しいスマホで撮りました。	P.128
	彼女に話しかけようとしたけど，彼女は歩いていっちゃった。	P.55
	私は普段スパイシーな食べ物を食べません。	P.170
	普段はだいたい7時に起きる。	P.175
	タイトルは大きくしたい。目立たせたいんだ。	P.34
	この洗濯物を畳んでもらいたい。	P.73
	いつかは子供が欲しい。	P.52
	遅刻しないように注意しましたね。	P.82
	君が面接に合格したと聞いてとても驚きました。	P.122
	ケビン，君を選んだ私は正しかったよ。君の才能は最高だ。	P.124
	私はそのニュースに驚いた。	P.63
	いくらかお金を貸してあげますよ。	P.188
	僕は自分の無実を証明するよ。	P.189
	君が私の誕生日パーティーを台無しにするのを許すわけにはいかない。	P.82
	三軒茶屋の店で働いています。	P.113
	このスープを作るのに一日がんばったの，だから全部飲むのよ！	P.129
	ワキを短くしてもらいたいのですが。最新の髪型なんです。	P.34
	ステーキはレアがいいのですが。できますか？	P.34
	君が忙しくてできないだろうから私がこの書類の処理をしておきます。	P.116
	10時までに宿題を終わらせます。	P.73
	秘書にすぐファックスを送らせますよ。	P.79
	決まったら私の計画を教えてあげます。	P.78
	僕が彼を駅に迎えに行くよ。	P.113
	きっと遅れます。電車が止まっているから。	P.177
	申し訳ありませんが予約で一杯です。すみません。	P.91

✔	英語例文	番号	文型
	I'm feeling a bit under the weather. —Oh, are you?	L61-2	説①
	I'm happy being with you.	L31-3	説①
	I'm happy to show you around.	L30-17	説①
	I'm happy you're here. I know you're a busy man.	L24-13	リポ, リポ
	I'm moving to Florida tomorrow.	L15-SU	説①
	I'm not here to chat. Let's get down to business.	L30-2	説①, 命
	I'm positive this is the solution. Everything else failed.	L24-14	リポ, 自
	I'm so glad to finally see you in person.	L30-6	説①
	I'm so sorry I can't make it. Can I get a rain check?	L24-12	リポ, 他
	I'm so sorry to hear that.	L30-7	説①
	I'm sorry, but my religion forbids me to eat pork.	L23-7	説①, 目説
	I'm sure I heard the baby crying. I'll go and check.	L20-4	リポ, 自
	I'm sure this is my phone. The wallpaper is my pet chihuahua.	L24-11	リポ, 説①
	I'm waking up at 5 a.m. tomorrow.	L15-6	説①
	I've been to the top of Mt. Fuji. —Oh, have you?	L61-4	自
	If I find you sleeping on the job again, you're fired.	L20-2	目説, 説①
	If you are to come, please bring flowers.	L17-1	説①, 命
	Is he your new boyfriend? He seems nice.	L56-0	説①, 説②
	Is she your daughter? She looks just like you!	L56-2	説①, 説②
	It may snow this weekend.	L53-8	自
	It took me a lifetime to forgive her.	L06-4	授②
	It took me two hours to get to work this morning.	L06-1	授②
J	Jessica knows the man you're looking for. Ask her.	L42-3	他, 命
	Jim wrote me a letter of recommendation.	L05-2	授①
	John gave me a rose.	L05-0	授①
	Julie is tough to get along with.	L30-21	説①
	Just call me Ken.	L07-0	目説
	Just stay calm, OK?	L04-5	説②

✔	日本語訳	ページ
□	今日はちょっと体調が悪いんだよ。――そうなんだ？	P.213
□	君といられて嬉しいよ。	P.129
□	喜んでこのあたりを案内しますよ。	P.125
□	君がここに来てくれて嬉しいよ。君が忙しい人だということはわかっているから。	P.91
□	私は明日フロリダに引っ越します。	P.58
□	私はおしゃべりするためにここに来たわけではありません。仕事を始めましょう。	P.121
□	これがその解決法だと思うよ。ほかのやり方はすべて失敗したから。	P.91
□	とうとうじかにお目にかかれて大変嬉しく思います。	P.122
□	すまないが行けないんだ。延期していい？	P.91
□	それは大変お気の毒に。	P.122
□	すみませんが，宗教上の理由で豚肉が食べられません。	P.82
□	確かに赤ちゃんが泣いているのを聞いたよ。見てくるね。	P.71
□	これは僕の電話ですよ。その壁紙は僕のペットのチワワです。	P.91
□	明日は５時起床予定だよ。	P.59
□	私は富士山の頂上に登ったことがあるよ。――ふーん，そうなの？	P.213
□	もし仕事中にまた寝ているところを見つけたら，お前はクビだ。	P.71
□	もし来るつもりなら，花を持ってきてくださいね。	P.65
□	彼は君の新しいボーイフレンド？ 良さそうだね。	P.202
□	彼女は君の娘さんですか？ 君にすごく似ているよ！	P.203
□	この週末，雪が降るかも。	P.190
□	彼女を許すのにとても長い時間がかかった。	P.32
□	今朝は仕事に行くのに２時間かかった。	P.32
□	ジェシカは君が探している男を知っているよ。彼女に聞いてごらん。	P.157
□	ジムは私に推薦状を書いてくれた。	P.29
□	ジョンは私にバラをくれた。	P.28
□	ジュリーとは上手くやっていくのが難しい。	P.127
□	ケンと呼んでください。	P.33
□	ちょっと落ち着いて。	P.27

✓	英語例文	番号	文型
K	Kevin and I? We broke up in 2017.	L27-5	自
	Kevin and Melissa are rivals.	L03-3	説①
	Kevin, that is, Ken's father, drove the car.	L37-4	他
L	Leave him alone. He hates to be woken up.	L11-3	命, 他
	Let me know if you can come to my birthday party.	L22-11	命
	Let's eat, shall we?	L64-4	命
	Let's forget about it, shall we? It's time we move on.	L25-14	命, 説①
	Let's not make the same mistake twice.	L50-4	命
	Let's not talk about it anymore. It makes me sad.	L25-15	命, 目説
	Listen up. The lesson is starting.	L25-1	命, 説①
	Listen up. This is important.	L02-5	自, 説①
	Lucy painted her house bright pink.	L07-8	目説
	Luke was in the garage.	L03-9	説①
	Luna smiles happily when she sees me.	L29-0	自
M	Making you happy is my greatest desire.	L08-4	説①
	Marie Curie's the woman who discovered radium.	L41-4	説①
	Maron, the family dog, protected the young boy.	L37-1	他
	May I be excused? I need to use the restroom.	L54-1	説①, 他
	Maybe he'll come to the meeting.	L48-1	自
	Move quickly. Time is of the essence.	L29-2	命, 説①
	Mr. Greene, the shop manager, caught the shoplifter.	L37-0	他
	Ms. Levine, the mother of the twins, called the police.	L37-2	他
	Must you leave now? We're having such a good time.	L54-2	自, 説①
	My apologies, we aren't open yet.	L49-6	説①
	My boyfriend lives in an apartment by the train tracks.	L27-16	自
	My boyfriend made me wear a matching sweater.	L22-7	目説
	My cat loves to play with plastic bags.	L11-0	他
	My computer likes to freeze up. Let's use yours.	L11-1	他, 命

✔	日本語訳	ページ
□	ケビンと私？ 2017年に別れました。	P.111
□	ケビンとメリッサはライバルです。	P.22
□	ケビン，つまり，ケンの父親が，その車を運転していたんだよ。	P.141
□	彼は放っておきなよ。起こされるのが大嫌いなんだ。	P.49
□	私の誕生日パーティーに来ることができるかどうか教えてください。	P.78
□	さあ食べましょう，ね？	P.219
□	それについては忘れよう，そうしない？ もう先に進むときだよ。	P.100
□	同じ間違いを二回しないようにしよう。	P.183
□	もうその話はしないようにしよう。悲しくなるんだ。	P.100
□	よく聞け。レッスンは始まっているよ。	P.97
□	よく聴いてくれ。これは重要なんだ。	P.20
□	ルーシーは家を鮮やかなピンク色に塗った。	P.35
□	ルークはガレージにいたよ。	P.23
□	ルナは僕を見ると嬉しそうに笑います。	P.117
□	君を幸せにすることが僕の一番の望みだ。	P.43
□	マリー・キュリーはラジウムを発見した女性です。	P.155
□	飼い犬のマロンは，その幼い男の子を守った。	P.141
□	ちょっと失礼させていただいていいでしょうか？ トイレに行きたいのです。	P.199
□	おそらく彼はミーティングに来るんじゃないかな。	P.177
□	すばやく行動して。時間がとても重要だよ。	P.118
□	店長のグリーン氏は，その万引き犯を捕まえた。	P.140
□	その双子の母親のレビンさんは，警察を呼んだ。	P.141
□	今帰らなくちゃいけないの？ とても楽しく過ごしているのに。	P.199
□	申し訳ありません，まだ開店していないのです。	P.180
□	私のボーイフレンドは線路脇のアパートに住んでいます。	P.114
□	私のボーイフレンドは私におそろいのセーターを着させた。	P.77
□	私のネコはビニール袋で遊ぶのが大好きです。	P.48
□	僕のパソコンはフリーズするのが好きなんだ。君のを使おう。	P.49

✓	英語例文	番号	文型
	My coworkers complain all the time.	L02-4	自
	My dad got a promotion. —Oh, did he? Congratulations!	L61-3	他
	My father is hard to please.	L30-SU	説①
	My favorite gyoza shop opens at 11:30.	L27-0	自
	My girlfriend dumped me.	L01-2	他
	My goal is to find a cure for obesity.	L17-0	説①
	My hobby is collecting stamps.	L18-0	説①
	My hobby is to take pictures of trains.	L18-1	説①
	My husband called me lazy. Unbelievable.	L07-7	目説
	My little brother wears hand-me-down clothes.	L45-4	他
	My mother taught me manners.	L05-5	授①
	My parents are making me take piano lessons.	L22-6	目説
	My parents caught me downloading music from the Internet.	L20-3	目説
	My sister lives in a house that has a three-car garage.	L41-1	自
	My sister won't let me hold her baby.	L22-10	目説
	My teacher wasn't satisfied with my explanation.	L16-7	説①
	My wife and I had our first child. —Oh, did you?	L61-0	他
	My wife made me sleep on the couch last night.	L22-SU	目説
	My wife told me not to stay out so late.	L50-2	目説
N	Never cross me. I mean it.	L25-19	命, 他
	Nobody knows what the meaning of life is.	L24-SU2	リポ
O	Oh no, it's my ex. Let's get out of here.	L25-13	説①, 命
	Oh no, the avocados went bad.	L04-9	説②
	Oh, hello there! Sorry, I didn't see you.	L49-3	他
	Ooh, these sheets feel so smooth.	L04-3	説②
	Our boss liked your presentation.	L01-1	他
	Our presentation went well, don't you think?	L64-5	説②
	Our team beat the defending champions from last year. What a win!	L01-8	他

✔	日本語訳	ページ
□	私の同僚はいつも文句ばかり言っている。	P.19
□	父は昇進したんだよ。――そうなんだ？ おめでとう！	P.213
□	父は喜ばせるのがとても難しい。	P.126
□	僕の大好きなギョウザの店は11：30に開店します。	P.110
□	ガールフレンドが僕を捨てた。	P.15
□	私の目標は肥満の治療法を発見することです。	P.64
□	私の趣味は切手を集めることです。	P.66
□	僕の趣味は電車の写真を撮ることです。	P.67
□	私の夫は私のことを怠けていると言った。信じられない。	P.35
□	僕の弟はお下がりの服を着ています。	P.171
□	母は私にマナーを教えてくれた。	P.30
□	両親は私にピアノのレッスンを受けさせている。	P.77
□	両親にネットで音楽をダウンロードしているところを見つかった。	P.71
□	私の妹は車が3台入るガレージがある家に住んでいます。	P.154
□	私の姉は赤ちゃんを抱かせてくれない。	P.78
□	先生は私の説明に満足しなかった。	P.63
□	妻と私に最初の子供ができたんだ。――へぇ，そうなんだ？	P.212
□	妻は昨晩私をソファーに寝させた。	P.76
□	妻は私にあまり夜遅くならないように言った。	P.183
□	私に逆らうなよ。本気だからな。	P.101
□	誰にも人生の意味が何かなんてわからない。	P.94
□	あれれ，僕の元カノだよ。出ようぜ。	P.99
□	ああ，このアボカド悪くなっちゃった。	P.27
□	ああ，こんにちは！ ごめん，君に気がつきませんでした。	P.179
□	おお，このシーツはすごくなめらかだ。	P.26
□	ボスは君のプレゼンが気に入っていたよ。	P.15
□	僕たちのプレゼンテーション上手くいったよね，そう思わない？	P.219
□	我々のチームは昨年からのディフェンディングチャンピオンを破った。なんて勝利だ！	P.16

✓	英語例文	番号	文型
P	Please ask Tim whether or not he wants coffee.	L24-16	命
	Please consider using an eco-bag for your groceries.	L12-2	命
	Please have your proposal on my desk by Friday.	L07-6	目説
	Please show me your ID.	L05-1	授①
	Please show me your ID. I need to verify your age.	L25-5	命, 他
	Popularity is being liked by many people.	L18-4	説①
	Practicing is the only way to get better.	L08-1	説①
R	Relax, would you?	L64-3	命
	Remember the time when you forgot your phone on the train?	L44-4	他
	Remember to bring your wallet.	L14-1	命
S	See that photo on the wall? I took it.	L32-0	他, 他
	Seven people were killed in the accident.	L16-8	説①
	She ate her sandwich blindingly fast.	L46-2	他
	She bought her husband tickets to see Jon Bovi.	L05-7	授①
	She can't eat steak, as she's a vegetarian.	L28-4	他, 説①
	She doesn't always return her calls.	L51-3	他
	She is likely to be late.	L30-19	説①
	She is sure to succeed.	L30-18	説①
	She is to attend Oxford.	L17-3	説①
	She kissed me.	L01-0	他
	She lives in Guam, doesn't she?	L63-3	自
	She must have connections to get such a job.	L30-14	他
	She spent all morning sleeping? Are you kidding me?	L31-1	他, 他
	She went to Seattle to meet a new client.	L30-0	自
	She will find you a good book.	L05-3	授①
	She's a partner that you can depend on.	L42-1	説①
	She's going to leave. Can't you say something?	L62-2	説①, 他
	She's having her phone repaired, so she can't reply to texts.	L21-1	目説, 自

✔	日本語訳	ページ
☐	ティムにコーヒーが欲しいか聞いてください。	P.93
☐	食料品を買うときにエコバックを使うことをお考えください。	P.51
☐	金曜日までに君の提案を僕の机の上に置いてください。	P.35
☐	身分証明書を私に見せてください。	P.29
☐	身分証明書をお見せください。年齢を確認する必要があります。	P.98
☐	人気とは多くの人に好かれることだ。	P.67
☐	練習は上達のための唯一の方法だ。	P.43
☐	落ち着いていただけませんか？	P.219
☐	君が電車で電話をなくしたときのこと覚えている？	P.161
☐	財布を持ってくるのを忘れないで。	P.55
☐	壁の写真見える？ 僕が撮ったんだよ。	P.130
☐	その事故で7人が亡くなった。	P.63
☐	彼女はサンドイッチを目もくらむほどの速さで食べた。	P.173
☐	彼女は夫にジョン・ボビを観に行くチケットを買ってあげた。	P.30
☐	彼女ステーキは食べられないんだよ，ベジタリアンだからね。	P.116
☐	彼女はいつも電話を返してくれるわけじゃない。	P.185
☐	彼女は遅刻しそうだ。	P.125
☐	彼女は必ず成功するよ。	P.125
☐	彼女はオックスフォード〔大学〕に通うことになっている。	P.65
☐	彼女は僕にキスをした。	P.14
☐	彼女はグアムに住んでいるのでしょう？	P.217
☐	あんな仕事を手に入れるなんて彼女はコネを持っているにちがいない。	P.124
☐	彼女は午前中ずっと寝ていたんだって？ 冗談だろう？	P.129
☐	彼女は新しい顧客に会いにシアトルに行きました。	P.120
☐	彼女なら君に良い本を見つけてくれるさ。	P.29
☐	彼女は君が頼りにすることのできるパートナーだよ。	P.157
☐	彼女は行っちゃうよ。何か言えないのかい？	P.215
☐	彼女は電話が修理中だから，メールには返信できない。	P.73

✔	英語例文	番号	文型
☐	She's worked in finance before, hasn't she?	L63-2	自
☐	Show me how you do your makeup.	L24-22	命
☐	Show me the evidence why you are innocent.	L44-6	命
☐	Sorry, this painting is not for sale.	L50-3	説①
☐	Speaking English is a lot of fun.	L08-0	説①
☐	Stacy heard you're free on Saturday. She wants you to cover her shift.	L24-2	リポ, 目説
☐	Stay, please. I can't live without you.	L25-6	命, 自
☐	Stop interrupting and let me finish talking.	L12-4	命
☐	Stop making excuses. I know the truth.	L12-1	命, 他
T	Takahiko is difficult to impress.	L30-20	説①
☐	Talk to Luna. She'll tell you where to park.	L36-2	命, 授①
☐	Tell me when to take a picture.	L36-0	命
☐	That can't be true.	L53-6	説①
☐	That isn't my responsibility. Do it yourself.	L49-4	説①, 命
☐	That was a great movie, wasn't it?	L63-0	説①
☐	That was when I had blonde hair.	L19-3	説①
☐	That wasn't exactly your best performance. You should practice more.	L51-4	説①, 自
☐	That you continue to improve gives me hope.	L10-1	授①
☐	That you passed the test was a stroke of luck.	L10-0	説①
☐	That's her! That's the woman I saw in my dream!	L40-1	説①, 説①
☐	The boy was to become president.	L17-4	説①
☐	The breakfast provided by the hotel is complimentary.	L34-2	説①
☐	The chickens raised at this farm are free-range.	L34-0	説①
☐	The coffee served here is the best, bar none.	L34-1	説①
☐	The entrance is easy to miss. It doesn't stand out.	L30-22	説①, 自
☐	The guy standing next to the tree is my father.	L33-2	説①
☐	The jeans made in this factory are sold at cost.	L34-3	説①
☐	The lecturers selected for today are leaders in their field.	L34-4	説①

✔	日本語訳	ページ
☐	彼女は以前経理で働いたことがあるよね？	P.217
☐	お化粧の仕方を見せて。	P.95
☐	君が無罪である証拠を見せなさい。	P.162
☐	すみません，この絵は売り物ではないのです。	P.183
☐	英語を話すのはとても楽しい。	P.42
☐	ステーシーは君が土曜日暇なことを聞いたんだ。君にシフトを替わってもらいたいんだって。	P.89
☐	行かないで。君なしでは生きていけないんだよ。	P.98
☐	話に割り込んでくるのはやめて僕の話を終えさせてくれ。	P.51
☐	言い訳を言うのはやめろ。僕は本当のことを知っている。	P.51
☐	孝彦は感心させるのが難しい。	P.127
☐	ルナと話して。どこに車を停めるべきか教えてくれるから。	P.139
☐	いつ写真を撮ったらいいか教えてください。	P.138
☐	そんなはずはない。	P.190
☐	それは私の責任ではありません。自分でやってください。	P.179
☐	あれはすごい映画だったよね？	P.216
☐	〔写真を見せながら〕それは私が金髪だったときのよ。	P.69
☐	あの演技は必ずしも君のベストだとは言えないな。もっと練習しなくちゃ。	P.185
☐	君が進歩を続けているのには希望が持てる。	P.47
☐	君が合格したのは運が良かったんだよ。	P.46
☐	あれがその人なんだ！ あれは僕が夢で見た女性だよ！	P.151
☐	その少年は後に大統領になるのであった。	P.65
☐	ホテルの朝食は無料です。	P.135
☐	この飼育場で育てられたニワトリは放し飼いです。	P.134
☐	ここで出されるコーヒーは，文句なく一番ですよ。	P.135
☐	入り口は簡単に見落としてしまうよ。目立たないんだ。	P.127
☐	木の横に立っている男の人は私の父です。	P.133
☐	この工場で作られているジーンズは原価で売られている。	P.135
☐	今日のために選ばれた講師はそれぞれの分野で指導的立場にあります。	P.135

✔	英語例文	番号	文型
☐	The meeting starts at 10:15. Be on time.	L27-2	自, 命
☐	The mistake cost me my job.	L06-3	授②
☐	The Olympic Stadium was completed in 2019.	L16-2	説①
☐	The opening match was held last week.	L16-4	説①
☐	The problem is that we can't meet the deadline.	L19-0	説①
☐	The question is whether you can pass the test or not.	L19-1	説①
☐	The river doesn't seem deep, but it is.	L04-8	説②, 説①
☐	The shop charged me $2 to use the restroom! Unbelievable!	L06-2	授②
☐	The simple fact is that you're unsuited for this job.	L19-4	説①
☐	The trains stopped because of an accident.	L28-1	自
☐	The woman living here is a famous actor.	L33-1	説①
☐	The woman wearing a kimono is my grandmother.	L33-0	説①
☐	The women working here are engineers.	L33-3	説①
☐	Their new album is going on sale in two weeks.	L15-8	説①
☐	There is a dog in the schoolyard.	L26-0	th
☐	There was something fishy about her story.	L39-4	th
☐	There're ten people waiting to use this computer.	L26-1	th
☐	There's a guy coming to inspect the fire alarms tomorrow.	L33-4	th
☐	There's lipstick on your collar.	L26-3	th
☐	There's no one I can trust.	L39-3	th
☐	There's nothing to eat. Let's order takeout.	L39-2	th, 命
☐	They are members of a secret society.	L03-4	説①
☐	They were pretty strong, actually.	L03-7	説①
☐	This bag is yours, right?	L64-0	説①
☐	This company makes you work on Saturdays.	L22-5	目説
☐	This day care is taking applications for new children.	L15-4	説①
☐	This is fantastic soup!	L45-1	説①
☐	This is the room where I sit when I need to gather my thoughts.	L44-2	説①

✔	日本語訳	ページ
□	ミーティングは10:15に始まります。遅れないように。	P.111
□	そのミスで仕事を失った。	P.32
□	オリンピックスタジアムは2019年に完成した。	P.61
□	開幕戦は先週行なわれた。	P.61
□	問題は私たちが〆切を守れないということです。	P.68
□	問題は君が試験に合格できるかどうかだ。	P.69
□	その川は，そうは見えないけど，実際は深いんだよ。	P.27
□	その店はトイレを使うのに2ドルかかったんだぜ！ 信じられないよ！	P.32
□	単純な事実は君がこの仕事に向いていないということだ。	P.69
□	電車は事故が原因でとまった。	P.116
□	ここに住んでいる女性は有名な俳優です。	P.133
□	着物を着ている女性は私の祖母です。	P.132
□	ここで働いている女性はエンジニアなんですよ。	P.133
□	彼らの新しいアルバムは2週間後に発売です。	P.59
□	校庭に犬がいます。	P.102
□	彼女の話には何か疑わしいところがあった。	P.145
□	10人がこのコンピューターを使うのを待っています。	P.103
□	明日火災警報器を点検するために男の人が来るよ。	P.133
□	襟に口紅ついているよ。	P.103
□	信じることのできる人が誰もいない。	P.145
□	何も食べる物がないな。テイクアウト頼もうよ。	P.145
□	彼らは秘密結社のメンバーです。	P.22
□	彼らはかなり強かったよ，実のところね。	P.23
□	これは君のバッグだよね？	P.218
□	この会社は土曜日働かせるんだ。	P.77
□	この保育所は新しい子供たちの申し込みを受け付けている。	P.57
□	これはすばらしいスープですね！	P.171
□	これが私が考えをまとめたいときに座る〔座って考える〕部屋なんですよ。	P.161

✔	英語例文	番号	文型
□	This is where I proposed to your mother.	L19-2	説①
□	This party is lame. Let's go.	L25-11	説①, 命
□	This photo was taken by a professional.	L16-SU	説①
□	This picture was painted by an artist I know.	L40-2	説①
□	This ring cost me a fortune.	L06-0	授②
□	This spaghetti tastes terrible.	L04-2	説②
□	This video was made by a famous YouTuber.	L16-5	説①
□	This was possibly my worst performance ever.	L48-4	説①
□	To fish here requires a permit.	L09-1	他
□	To get over someone takes time.	L09-2	他
□	To hide the truth is to tell a lie.	L09-4	説①
□	To live is to learn.	L18-2	説①
□	To speak in public takes courage.	L09-0	他
□	To talk in the library is strictly prohibited.	L09-3	説①
□	Tomorrow will be extremely cold. Be careful.	L46-4	説①, 命
□	Try it. You'll love it.	L25-4	命, 他
□	Turn off the TV. You have homework to finish.	L35-2	命, 他
U	Urawa is the city where I was born.	L44-0	説①
W	Watch closely. I'll only do this once.	L25-2	命, 他
□	Watch me do a slam dunk, OK?	L22-3	命
□	We all know what you did. Admit it!	L24-19	リポ, 命
□	We always fly economy class to save money.	L30-3	他
□	We are getting together for drinks at 7:30.	L27-1	説①
□	We are happy.	L03-0	説①
□	We can't hire you because you don't have a visa.	L28-0	他
□	We couldn't play rugby. There weren't enough players.	L26-4	他, th
□	We dated for 8 months.	L27-6	自
□	We didn't choose you, but not because you aren't qualified.	L50-1	他, 説①

✔	日本語訳	ページ
□	ここは私が君のお母さんにプロポーズした場所だよ。	P.69
□	このパーティーはつまらないよ。行こうぜ。	P.99
□	この写真はプロに撮ってもらいました。	P.62
□	この絵は私の知っているアーティストが描いたものです。	P.151
□	この指輪には大金がかかりました。	P.31
□	このスパゲティはひどい味だ。	P.26
□	このビデオは有名なユーチューバーによって作られた。	P.63
□	これはひょっとすると今まででで最悪の出来かもしれない。	P.177
□	ここで魚釣りをするには許可証が必要です。	P.45
□	〔誰かにふられて〕立ち直るのには時間がかかる。	P.45
□	真実を隠すことは嘘をつく〔のと同じ〕ことだ。	P.45
□	生きることは学ぶこと。	P.67
□	人前で話すのは勇気がいる。	P.44
□	図書館で話すのは厳禁です。	P.45
□	あしたはものすごく寒くなるよ。気をつけて。	P.173
□	食べてごらんよ。きっと気に入るよ。	P.97
□	テレビを消しなさい。宿題終わらせなくちゃいけないよ。	P.137
□	浦和は私が生まれた都市です。	P.160
□	しっかり見ててね。この1回しかやらないよ。	P.97
□	スラムダンクするから見てなよ。	P.75
□	僕たちはみんな君がしたことを知っているんだ。認めろよ！	P.95
□	節約するために私たちはいつもエコノミークラスに乗っています。	P.121
□	飲み会で7:30に集まることになっているのです。	P.111
□	僕たちは幸せです。	P.21
□	君はビザをもっていないから，雇うことはできない。	P.115
□	ラグビーはできなかったよ。十分な〔数の〕選手がいなかったんだ。	P.103
□	私たちは8ヶ月付き合った。	P.112
□	私たちはあなたを選びませんでしたが，その資格がないからではありません。	P.183

✔	英語例文	番号	文型
☐	We discovered that Kevin was the culprit.	L24-9	リポ
☐	We don't accept credit cards.	L49-0	他
☐	We enjoy working with you.	L12-0	他
☐	We got married in September last year.	L27-10	説②
☐	We have a cabin in Aspen.	L27-12	他
☐	We have a lot of work to do.	L35-1	他
☐	We have never seen someone so talented.	L39-0	目説
☐	We often have lunch at this restaurant.	L47-0	他
☐	We returned home to find the front door open.	L30-11	自
☐	We saw you trying to steal something.	L20-1	目説
☐	We should buy extra food. Unexpected guests may come.	L53-12	他, 自
☐	We stayed at a campsite in the mountains.	L32-4	自
☐	We stayed up until morning.	L27-9	自
☐	We switched to LED lights in order to conserve electricity.	L30-5	自
☐	We were pleased to see the results. Sales this month are at their best.	L30-9	説①, 説①
☐	We will definitely make it on time.	L48-0	他
☐	We're all ready to call it a day.	L30-16	説①
☐	We're considering our options. We need more time.	L15-2	説①, 他
☐	We're going out for dinner tonight. Care to come?	L15-5	説①, 他
☐	We're not sure where the meeting is.	L24-23	リポ
☐	We're not sure whether it's contagious or not.	L24-17	リポ
☐	We've got word that class has been cancelled.	L38-2	他
☐	What do you do on Sundays?	L57-1	他
☐	What kind of car are you looking for?	L58-1	説①
☐	What made you decide to come to Japan?	L13-4	目説
☐	What makes you feel that way?	L59-3	目説
☐	What TV show do you like?	L58-0	他
☐	What you say makes a difference. Choose your words wisely.	L10-4	他, 命

✓	日本語訳	ページ
☐	ケビンが〔この問題の〕元凶だということがわかった。	P.90
☐	クレジットカードは使えません。	P.178
☐	君と働くのは楽しいよ。	P.50
☐	私たちは去年の９月に結婚しました。	P.112
☐	私たちはアスペンに山小屋を持っています。	P.113
☐	私たちにはやるべき仕事がたくさんあります。	P.137
☐	これほど才能のある人を見たことがない。	P.144
☐	私たちはしばしばこのレストランでランチを食べます。	P.174
☐	家に帰ったら玄関が空いていた。	P.123
☐	君が何かを盗もうとしているところを見たよ。	P.71
☐	余分に食べものを買うべきだよ。呼んでいない客が来るかもしれないから。	P.191
☐	私たちは山の中にあるキャンプ場に泊まりました。	P.131
☐	私たちは朝まで起きていた。	P.112
☐	私たちは電気を大切に使うため LED ライトにかえました。	P.121
☐	その結果を見て喜びました。今月の売り上げは最高です。	P.122
☐	私たちは絶対に間に合いますよ。	P.176
☐	みんな仕事を終える準備はできているよ。	P.125
☐	どうすればいいか考えています。もう少し時間が必要です。	P.57
☐	今夜は夕食を外で取るんだ。来たい？	P.59
☐	どこでミーティングがあるのかよくわかりません。	P.95
☐	私たちはそれがうつるかどうかよくわからない。	P.93
☐	休講になったという知らせを受けたよ。	P.143
☐	日曜日には何をしますか？	P.205
☐	どんな種類の車をあなたは探しているのですか？	P.207
☐	どうして日本に来ることに決めたの？	P.53
☐	どうしてそんなふうに感じるの？	P.209
☐	あなたはどんなテレビ番組が好きですか？	P.206
☐	何を言うかで状況は変わります。ことばを賢く選びなさい。	P.47

✔	英語例文	番号	文型
☐	What? You have school on Christmas? No way.	L27-4	他
☐	What's on your mind?	L59-4	説①
☐	When does your flight arrive?	L57-2	自
☐	Where did you say his house was?	L60-2	リポ
☐	Where have you been? I've been looking for you.	L57-3	自, 説①
☐	Where have you been? We've been looking for you.	L02-7	説①, 説①
☐	Where in Seattle do you work?	L58-5	自
☐	Where you were born doesn't matter to me.	L10-3	自
☐	Whether we agree or not isn't important. We have to work together.	L10-2	説①, 自
☐	Which color do you want?	L58-4	他
☐	Who ate all the guacamole? —Not me!	L50-0	他
☐	Who did you say called Shaun?	L60-1	リポ
☐	Who did you say Shaun called ?	L60-0	リポ
☐	Who do you look up to?	L57-0	他
☐	Who do you want to be at the party?	L60-4	目説
☐	Who gave you that?	L59-2	授①
☐	Who told you that?	L59-0	授①
☐	Who wants to order pizza?	L59-1	他
☐	Whose car is that?	L58-3	説①
☐	Why are you awake? Isn't it early in America now?	L62-4	説①, 説①
☐	Why can't you be honest with yourself?	L62-3	説①
☐	Why did you become a journalist?	L57-4	説②
☐	Winter is the season when I gain weight the most.	L44-3	説①
☐	Would you like some more tea?	L54-3	他
Y	You are to sit quietly.	L17-2	説①
☐	You ate the entire pot of stew? I barely had any!	L01-7	他, 他
☐	You can do it, can't you?	L63-5	他
☐	You can pass the test. I know it.	L53-3	他, 他

✔	日本語訳	ページ
□	何だって？ クリスマスに学校があるのか？ まさか。	P.111
□	何を悩んでいるの？	P.209
□	あなたの乗る便はいつ到着ですか？	P.205
□	彼の家がどこにあるって言ったの？	P.211
□	どこにいたの？ ずっと探していたんだよ。	P.205
□	どこに行っていたの？ ずっと探していたんだよ。	P.20
□	シアトルのどこで働いているのですか？	P.207
□	君がどこで生まれたかは僕には重要じゃない。	P.47
□	僕たちが同じ意見かどうかは重要じゃない。協力しなくちゃならないんだ。	P.47
□	どちらの色のが欲しい？	P.207
□	誰がグアカモーレ全部食べたの？——僕じゃない！	P.182
□	誰がショーンに電話をかけたって言ったの？	P.211
□	ショーンが誰に電話をしたって言った？	P.210
□	あなたは誰を尊敬していますか？	P.204
□	誰にパーティーに来てもらいたい？	P.211
□	誰からそれをもらったの？	P.209
□	誰が君にそんなことを言ったんだい？	P.208
□	ピザ頼みたい人は？	P.209
□	あれは誰の車ですか？	P.207
□	どうして起きているの？ 今アメリカは早い時間じゃないの？	P.215
□	なぜ自分自身に正直になれないんだい？	P.215
□	なぜジャーナリストになったのですか？	P.205
□	冬は私が最も太る季節だ。	P.161
□	もう少しお茶をいかがですか？	P.199
□	静かに座っていなさい。	P.65
□	鍋のシチュー全部食べたの？ 私ほとんど食べてないんだけど！	P.16
□	君はできるよね？	P.217
□	君なら合格できる。僕にはわかるさ。	P.189

✓	英語例文	番号	文型
	You can put your bags here.	L53-4	他
	You can't eat pork? Is it because of your religion?	L49-7	他, 説①
	You don't care if I stay here, do you?	L63-4	リポ
	You give presentations quite well.	L29-5	他
	You hardly ever make time for your kids.	L47-2	他
	You keep your mouth shut.	L25-17	命
	You kept me waiting. Where were you?	L20-0	目説, 説①
	You look busy.	L04-0	説②
	You may not enter before you are called.	L53-7	自
	You must be looking forward to the wedding.	L53-10	説①
	You must hand in the report by the end of this month.	L27-8	他
	You must return the favor. He helped you a lot.	L53-9	他, 他
	You never buy me flowers!	L47-1	授①
	You should get the job. You're well qualified.	L53-11	他, 説①
	You ski very well. When did you learn?	L46-1	自, 自
	You want more ice cream? Aren't you full already?	L62-5	他, 説①
	You were lucky to survive the crash.	L30-13	説①
	You'll do great, I'm sure.	L29-9	自, 説①
	You'll probably need to work overtime today.	L48-2	他
	You're not a child. Stop acting like one.	L49-5	説①, 命
	Your dinner is getting cold.	L04-6	説①
	Your English is surprisingly good.	L46-3	説①
	Your first love is something that you never forget.	L40-5	説①
	Your handwriting is unreadable. Re-do it.	L03-6	説①, 命
	Your idea sounds great.	L04-1	説②
	Your keys are on the counter.	L03-8	説①
	Your pen broke? I'll get you a new one.	L05-4	自, 授①
	Yuki runs fast.	L02-0	自

✔	日本語訳	ページ
□	バッグはこちらに置いていいですよ。	P.189
□	豚肉が食べられないのですか？ それは宗教上の理由ですか？	P.180
□	僕がここにいても気にしないよね？	P.217
□	君はかなり上手くプレゼンしましたね。	P.119
□	あなたは滅多に子供のために時間を作っていませんね。	P.175
□	いいか，黙っていろよ。	P.100
□	待たせたわね。どこにいたの？	P.70
□	忙しそうですね。	P.25
□	名前を呼ばれる前に入ってはいけません。	P.190
□	君は結婚式を楽しみにしているにちがいない。	P.191
□	そのレポートを今月の月末までに提出しなくてはなりません。	P.112
□	恩返ししなくちゃ。彼はずいぶん君を助けたのだから。	P.191
□	あなたは私に決して花を買ってくれないわね！	P.175
□	君はその仕事に就けるはずだよ。十分資格がある。	P.191
□	君はとても上手にスキーをしますね。いつ学んだのですか？	P.173
□	もっとアイスクリームが欲しいって？ もうお腹いっぱいじゃないの？	P.215
□	その衝突事故で助かるなんて君はラッキーだったよ。	P.124
□	君ならうまくやるさ，僕にはわかる。	P.119
□	君は今日おそらく残業する必要がありますよ。	P.177
□	君は子供じゃない。子供のように振る舞うのをやめなさい。	P.180
□	夕食が冷めてきてるよ。	P.27
□	君の英語は驚くほどすばらしいですね。	P.173
□	初恋は決して忘れないものですよ。	P.152
□	君の手書きは読めない。やり直し。	P.23
□	君のアイデアはとてもいいね。	P.26
□	君のカギはカウンターの上にありますよ。	P.23
□	君のペン壊れた？ 新しいの買ってきてあげるよ。	P.29
□	ユウキは走るのが速い。	P.18

(以上，全473文)

My例文

MEMO

✔	英語例文
□	
□	
□	
□	
□	
□	
□	
□	
□	
□	
□	
□	
□	
□	
□	
□	
□	
□	
□	
□	
□	
□	
□	
□	
□	
□	

☑ 個人的によく使う表現など，自分に必要な例文を自由にメモして練習しましょう。

✔	日本語訳
☐	
☐	
☐	
☐	
☐	
☐	
☐	
☐	
☐	
☐	
☐	
☐	
☐	
☐	
☐	
☐	
☐	
☐	
☐	
☐	
☐	
☐	
☐	
☐	
☐	
☐	

【訂正のお知らせはコチラ】 ▶▶▶

本書の内容に万が一誤りがございました場合は，東進 WEB 書店（https://www.toshin.com/books/）の本書ページにて随時お知らせいたしますので，こちらをご確認ください。☞

※未掲載の誤植はメール <books@toshin.com> でお問い合わせください。

「話すため」に必要な英文の全パターンドリル

一億人の英会話

発行日：2020 年　8 月 31 日　　初版発行
2024 年　8 月　8 日　第 4 版発行

著者：**大西泰斗／デイビット・エバンス**

発行者：**永瀬昭幸**

編集担当：八重樫清隆
発行所：株式会社ナガセ
〒 180-0003 東京都武蔵野市吉祥寺南町 1-29-2
出版事業部（東進ブックス）
TEL：0422-70-7456 ／ FAX：0422-70-7457
URL：http://www.toshin.com/books（東進 WEB 書店）
※本書（の正誤表）を含む東進ブックスの最新情報は東進 WEB 書店をご覧ください。

本文イラスト：松井文子
編集協力：金子航　栗原咲紀　竹林綺夏　笠原彩叶　桑原由佳　大澤ほの花
音声出演：佐々木望　檜山修之　久保田ひかり　白城なお
Josh Keller　Howard Colefield　Karen Haedrich　Jennifer Okano
装丁・DTP：東進ブックス編集部
印刷・製本：シナノ印刷株式会社

Printed in Japan
ISBN978-4-89085-851-4　C1082

『英語で提案・説得できる力』が身につきます。東進だけの実践的なラインアップ。

講義＋発話レッスンで、ロジカルに話す力を鍛える

ビジネス英語 スピーキング講座（①，②）

ビジネスで求められる英語による「応答力」「問題解決能力」「発信力」が身につく

受講期間	受講形態	対象
1 年間	在宅でのウェブ学習 ※学習開始時は、学習アドバイザーがサポートをいたしますのでご安心ください。	TOEIC® LR スコア 650点以上の方 (*推奨の目安)

概要

本プログラムは、ビジネスパーソンの皆様がグローバルな仕事環境において、「英語によるコミュニケーション能力」を養成することを目的としたプログラムです。TOEIC® スピーキングテストのスコアを評価目標とし、その対策を通してスピーキング力を高める内容となっています。TOEIC® スピーキングテストのスコアと実際のスピーキング力の間には高い相関があると言われており、本プログラムで学習しスコアを伸ばすことが、実際のビジネスの場で本当に役立つ英語の修得につながります。

学習のプロセスでは、①慣用語句の反復音読や、②スピーチ原稿の音読・暗唱等の発話練習はもとより、③状況説明、④質問対応を瞬時に行う練習や、⑤理由や具体例を伴って自分の意見を述べる訓練を徹底して行っていきます。結果として、ビジネスで求められる英語による「応答力」「問題解決能力」「発信力」が身につきます。

講義［ウェブ］ → 基礎トレーニング［ウェブ］ → 実践トレーニング［マンツーマン・オンラインレッスン］

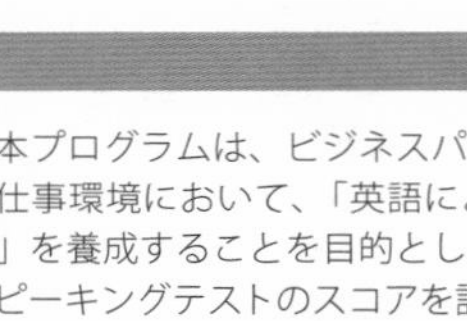

ウェブ学習システムを通し、いつでもどこでも受講可能。

ウェブ学習システムやスマホアプリを使用して英単語などを集中的、効率的に修得。

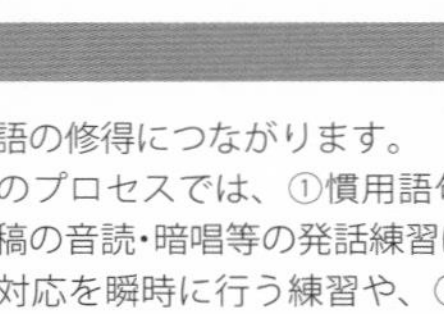

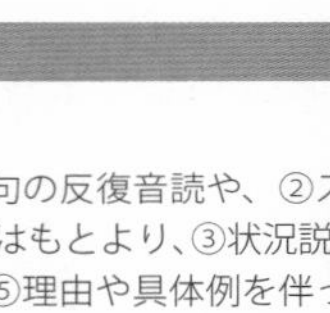

ウェブ学習システムでのトレーニングや「TOEIC® 新公式問題集」を用いたトレーニングを実行。

大学生向け講座

世界にはばたく リーダーとしての「ビジネスコミュニケーション力」を高める

TOEIC®は通過点! テストの先に「世界で大活躍するための英語」がある。

東進の『ビジネス英語講座』では、大学受験の英語から相手の「心を動かす」コミュニケーションへ、英語力を高めていきます。そのファーストステップとして、TOEIC®のスコアアップを狙う学習を進めることで、成果を感じながらコミュニケーション力を高める素地を作ります。
そのうえで、さらに発信力を鍛えるトレーニングを重ね、未来のリーダーに必要な「世界で大活躍するための英語」の力を磨いていきます。